atlas básico

de ortografía

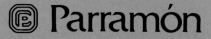

Ⓟ Parramón

Proyecto y realización

Parramón Ediciones, S.A.

Dirección editorial

Lluís Borràs

Ayudante de edición

Cristina Vilella

Textos

Beatriz Blecua, Rosa Falgueras, Elena Miñambre, Pilar Miarnau

Diseño gráfico y maquetación

Estudi Toni Inglés

Fotografías

Aisa, Adriana Berón, Archivo Parramón, Boreal, Cablepress, Manel Clemente, European Parliament,
Organización Juegos Olímpicos Atenas 2004, OTAN, María del Mar Pons, Prisma, UNAIDS / L.Taylor

Ilustraciones

Edgar Sicilia, Florenci Salesas, Studio Càmara, Jaume Farrés

Dirección de producción

Rafael Marfil

Producción

Manel Sánchez

Primera edición: septiembre 2004

Atlas Básico de Ortografía

ISBN: 84-342-2703-7

Depósito Legal: B-34.807-2004

Impreso en España

© Parramón Ediciones, S.A. – 2004

Ronda de Sant Pere, 5, 4ª planta – 08010 Barcelona (España)

Empresa del Grupo Editorial Norma

www.parramon.com

PRESENTACIÓN

El propósito de este Atlas es el de ofrecer al estudiante unas normas básicas y claras que le sirvan para la consulta y el estudio de la ortografía.

Los seres humanos nos comunicamos oralmente, pero también por escrito. Cuando lo hacemos de esta segunda manera, además de prestar mucha atención a la forma de decir las cosas, también debemos cuidar el escribir con corrección las palabras y utilizar los signos de puntuación más adecuados. No debemos olvidar que las normas y reglas que recoge la Real Academia de la Lengua Española son un intento de organización, sistematización y unificación de criterios para podernos entender mejor en el ámbito escrito.

En la redacción de este Atlas se ha pretendido una expresión sencilla y ejemplificada de las normas básicas y generales de las diferentes grafías, de la acentuación y de la puntuación. Al mismo tiempo se recogen las excepciones y curiosidades ortográficas destacables de la lengua española.

Mediante las numerosas tablas, cuadros, ejemplos y listas de vocabulario esencial se pretende ayudar a escribir de forma más correcta, a la vez que repasar conceptos gramaticales y enriquecer nuestro léxico.

Se ha intentado hacer una ortografía amena y creativa, aunque, por supuesto, el mejor método para mejorar la ortografía consiste en leer y escribir mucho. No debemos olvidar que la creatividad y la imaginación son condimentos indispensables que hacen que el gusto por la lectura y la escritura constituya un eficaz instrumento de comunicación entre los seres humanos.

SUMARIO

INTRODUCCIÓN

Reproducción de una de las 15.000 tablillas de barro halladas en la ciudad semita de Ebla, en escritura cuneiforme. Ebla (actual Tell Mardikh, Siria).

¿QUÉ ES LA ORTOGRAFÍA?

La ortografía es la parte de una lengua que se ocupa de escribir las palabras con corrección y de utilizar de un modo adecuado los signos de puntuación.

La palabra "ortografía" procede del prefijo griego *orthos*, que quiere decir correcto, derecho, y de la palabra *graphos*, que significa escritura y descripción.

Cuando adquirimos el lenguaje en los primeros años de la infancia aprendemos una serie de secuencias de sonidos cuyo resultado son las palabras. Estas palabras son signos que están llenos de significado. Nuestros primeros pasos en la lengua son simples y rudimentarios, pero pasados unos meses aprendemos rápidamente a conectar sonidos y a combinarlos.

No obstante, deberán transcurrir largos años hasta que hayamos adquirido una organización ordenada del discurso lingüístico.

Recientes estudios, tanto en el campo de la medicina como en el de la lingüística, intentan averiguar los pasos que sigue el pensamiento en su conversión al lenguaje. El desarrollo del razonamiento lógico en el hombre va estrechamente ligado a una mayor elaboración de su sistema de comunicación.

El proceso de la escritura que el niño irá adquiriendo al mismo tiempo que el de la lectura es de suma importancia para su posterior desarrollo intelectual. Ambos mecanismos están relacionados con la escucha y pronunciación de sonidos articulados. La ortografía será esencial para fijar con corrección por escrito estas secuencias fónicas.

EL PROCESO DE FORMACIÓN DE UNA LENGUA

Son los hablantes quienes hacen uso de la lengua y, a partir de ahí, se construye una normativa cuya mayor o menor vigencia dependerá del ritmo de modernización marcado por la propia comunidad lingüística. Quede así claro que las reglas no precedieron al acto de comunicación o expresión, y que los hablantes no se vieron obligados a acatarlas con sumisión, sino justo todo lo contrario; a partir del uso que hicieron los hablantes de la lengua, decidieron que habría que instaurar ciertas "leyes" que regularan su corrección para el bien de la comunidad lingüística.

La sonrisa y los balbuceos de un bebé son ya los primeros intentos de articular sonidos de su lengua.

Detalle del *Libro de juegos*
de Alfonso X, "el Sabio"
(Toledo, 1221-Sevilla, 1284).

Por esta razón podemos comprender fácilmente que es imposible abarcar todos los casos y palabras que existen desde un punto de vista normativo de la ortografía. No todos los vocablos siguen o se pueden encajar en una regla ortográfica.

Así pues, ningún libro de ortografía podrá contener todos y cada uno de los problemas ortográficos que puedan surgir, pero sí intentar recoger las reglas y observaciones más útiles y eficaces para mejorar el nivel ortográfico de los usuarios de una lengua.

Monjes realizando la labor de copistas. Miniatura del
Libro de ajedrez, dados y tablas.

UN POCO DE HISTORIA

Si nos remontamos al origen de nuestra civilización y del alfabeto griego podemos observar que, en líneas generales, éste era un conjunto de signos utilizados para transcribir con precisión los sonidos. Aunque, en realidad, no lo fue del todo, y ningún alfabeto lo es, ya que cada letra no corresponde siempre a un solo sonido, y a la inversa, ya que en ocasiones un sonido se puede representar con más de una letra.

A principios del primer milenio antes de nuestra era surgió un sistema alfabético para la escritura de la lengua griega y, junto con el alfabeto romano, derivado del alfabeto heleno, se convirtió en el padre de la escritura más difundida en el mundo de hoy.
Para los griegos, el desarrollo y uso de la escritura fue una herramienta esencial que favoreció el cultivo del pensamiento. Así lo atestiguan las doctrinas lingüísticas de Platón y Aristóteles.

Edificio de la Real Academia
Española, creado en 1713 por el
monarca Felipe V.

DE ALFONSO X, "EL SABIO" A LA REAL ACADEMIA ESPAÑOLA

Será bajo el reinado y directa supervisión de Alfonso X, "el Sabio" cuando se avanzará en la lenta consolidación de unas grafías, una sintaxis y un léxico que capacitarán al idioma para la expresión didáctica. Las escuelas que fundó el rey Sabio trabajaron en los campos de la historia, la astronomía, las lenguas, etc., y abrieron paso a la divulgación de los saberes de la época.

En 1492, el humanista Elio Antonio de Nebrija hizo una selección de sonidos, formas y giros que permitieron, junto con la enorme influencia de la imprenta, fijar los usos de la lengua escrita.

La labor realizada durante esos siglos fue esencial para impedir la fragmentación de ésta en diferentes dialectos y pasó a constituir la normativa que unificaría el idioma en el Nuevo Mundo.

Pero las posteriores ideas nacionalistas, junto a la creación de las Academias para las ciencias y las lenguas en el siglo XVIII, reclaman un mayor purismo, un estudio más razonado y profundo de todos los ámbitos y disciplinas. En 1713, Juan Manuel Fernández Pacheco, inspirándose directamente de la academia de lengua francesa, funda la Real Academia Española, que realizará una muy eficaz labor y que publicará el *Diccionario de Autoridades* (1726-1739) y la *Ortografía* (1741). Gracias a éstas y otras obras, la Academia dio un impulso científico al estudio de la lengua bajo el lema "limpia, fija y da esplendor". El espíritu de la Ilustración, con el mayor cultivo de las ciencias y con una mayor apertura al mundo, abrió de par en par las puertas del español moderno.

Más tarde, en la época romana, la obra de Varrón, Quintiliano, Prisciano y otros eruditos del período clásico nos muestra cómo los romanos conocieron e hicieron suyas las letras y preocupaciones lingüísticas de los griegos. Estos autores sentaron las bases para los estudios y la educación en la Antigüedad y en la Edad Media gracias a sus gramáticas descriptivas del latín.

En la Edad Media y a partir de los siglos XII y XIII, muchos autores que se expresan ya en lengua castellana, como Berceo, perteneciente al "mester de clerecía", se esfuerzan por cuidar sus escritos y ponerlos al alcance de la gente de la época. A pesar de ello, en ese momento, el castellano todavía carecía de unidad en sus usos fonéticos, ortográficos, morfológicos y sintácticos, y se veía sometido a múltiples vacilaciones geográficas.

EL ESPAÑOL MODERNO

A partir de aquel momento, y hasta nuestros días, ha habido un movimiento continuo de entrada y salida de léxico, intercambios de uso y un vaivén de neologismos debido a la revitalización de la lengua española en contacto con otras.

El vertiginoso ritmo de nuestro tiempo; el poder de los medios de comunicación; la influencia de la prensa escrita, la radio y la televisión; el dominio de la informática, etc., hacen que más que nunca el idioma cambie con gran rapidez. Frente a este hecho se podrían dar dos tendencias extremas: los que intentan impedir cualquier cambio y promueven una lengua arcaica y fosilizada; y los que, por el contrario, son partidarios de todos los cambios por el mero hecho de renovarse y adecuarse a los tiempos.
No se puede evitar que las lenguas cambien porque están vivas y en continua evolución, pero de alguna forma se han de respetar unas normas que permitan que éstas no se disgreguen en exceso. Para ello, y pese a la transgresión voluntaria de muchos autores y hablantes, la Real Academia Española es la institución que se ocupa de establecer una normativa para la lengua española.

NUESTRA ACTITUD ANTE LA ORTOGRAFÍA

Dijimos al principio que la ortografía nos serviría para mejorar nuestra comunicación escrita; para ello hace falta que tengamos cierta disciplina en concentrarnos, fijar nuestra atención y ejercitar la memoria visual.

En estos últimos años parece que hay una tendencia a no dar importancia a la forma de escribir y a la acentuación. Las causas de esta moda son complejas y variadas, pero lo cierto es que merece la pena valorar las normas gramaticales y ortográficas como medios que favorecen la comunicación y facilitan el conocimiento de otras lenguas.

En concreto, y para finalizar, cabe decir que si deseamos prosperar en el camino de la ortografía, debemos utilizar todos los sentidos: la ortografía entra por la vista, a partir de la lectura; por el oído, mediante el habla y la vocalización. De momento no podemos oler, tocar ni degustar las palabras, aunque la lengua tiene la capacidad de hacernos imaginar su olor, su tacto y su sabor.

Los seres humanos podemos comunicarnos de modo más completo que el resto de los animales.

LOS SIGNOS DE PUNTUACIÓN

Para facilitar la lectura y la comprensión de un texto se utilizan los llamados **signos de puntuación**. Éstos son signos gráficos que tienen múltiples funciones: señalan el final de una oración, de un párrafo o de un texto; indican pausas en la escritura; separan elementos de una enumeración; aclaran conceptos; ayudan a expresar sentimientos, etc.

LA LLEGADA DEL TREN

El tren, finalmente, llegó a la estación. En el andén esperaban, impacientes, los familiares. De repente, se abrieron las puertas y una avalancha de gente nerviosa se precipitó sobre el andén. Junto con ellos viajaban todo tipo de objetos: maletas, baúles, cestas de mimbre, jaulas con pájaros, bicicletas de niños... ¡hasta un borrico salió de allí! Algunos de los que esperaban empezaron a correr de un lado a otro, gritando: "¡Madre, aquí!"; "¿Han visto a mi padre? Viene de Toledo"; "¡Mira! ¡Es el abuelo!"

El punto (.), la coma (,), los signos de interrogación (¿?) y los signos de exclamación (¡!) son **signos de puntuación**.

SIGNOS DE PUNTUACIÓN

En castellano los principales signos de puntuación son:

Signo	Representación
Coma	,
Punto	.
Punto y coma	;
Dos puntos	:
Puntos suspensivos	...
Signos de interrogación	¿ ?
Signos de exclamación	¡ !
Paréntesis	( )
Corchetes	[ ]
Comillas	' ' " " « »
Guión	-
Raya	–

Aparte de éstos, que son los más importantes, también podemos destacar otros como: la barra oblicua (/), el asterisco (*) y las llaves (*{}*).

Los signos de puntuación son universales, es decir, son los mismos en aquellas lenguas que los utilizan.

EL PUNTO

El **punto** (.) es un signo de puntuación que se utiliza para **cerrar oraciones**. Siempre se escribe mayúscula después del punto (excepto cuando el punto se pone detrás de una abreviatura: *Hilaturas Gómez S.L. es una fábrica de ropa femenina*).

En los textos impresos, el punto se escribe siempre unido a la palabra anterior sin ningún espacio y se separa de la palabra siguiente con un espacio en blanco. Ejemplo:

Empezó a llover desde primera hora de la mañana. Luego se despejó el día.

Decaba, S.A.

Se pone **punto** detrás de las **abreviaturas**.

TIPOS DE PUNTO

Hay tres clases de punto:

- **Punto y seguido** (o **punto seguido**): separa oraciones dentro de un mismo párrafo.

- **Punto y aparte**: separa párrafos dentro de un texto.

- **Punto final** (no *punto y final): indica el final de un texto; después del punto final no hay escrito nada más.

Ejemplo:

> *Ana llegó al hotel muy cansada y con ganas de dormir.*(1)
> *Pudo hacerlo cuando logró desconectar el teléfono móvil.*(2)
> *A la mañana siguiente, bajó a desayunar.*(1) *Estaba muy contenta y dispuesta a visitar Madrid, la ciudad de sus sueños.*(3)

(1) punto y seguido

(2) punto y aparte

(3) punto final

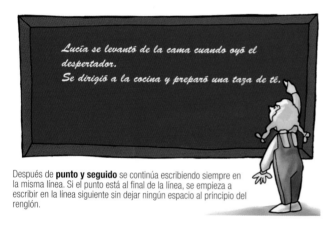

Después de **punto y seguido** se continúa escribiendo siempre en la misma línea. Si el punto está al final de la línea, se empieza a escribir en la línea siguiente sin dejar ningún espacio al principio del renglón.

Después de **punto y aparte** se escribe en renglón aparte. Suele dejarse un espacio en blanco al principio del renglón que sigue al punto y aparte.

Un **párrafo** es un conjunto de oraciones. Un conjunto de párrafos es un **texto**.

párrafo   texto

REGLAS DE UTILIZACIÓN DEL PUNTO

- Se utiliza **punto y seguido** cuando existe cierta relación entre lo que hay antes y después del punto.

- Se utiliza **punto y aparte** cuando en cada uno de los párrafos que separa se desarrollan ideas, asuntos o hechos diferentes.

- Se utiliza **punto final** para cerrar un texto.

USOS CORRECTOS E INCORRECTOS DEL PUNTO

Punto	Casos
Sí	Al separar las horas de los minutos cuando ambos están escritos con cifras: *18.30 horas* *19.15 horas*
No	No se pone punto después de títulos o subtítulos de libros, artículos, capítulos, obras de arte, etc.: *El Quijote* *Las Meninas* *Capítulo IV: Los mamíferos*

RECUERDA

- No se debe poner punto en los **símbolos**:

N (Norte)	SO (Sudoeste)
m (metro)	rpm (revoluciones por minuto)

- Para escribir los **números de más de tres cifras**, aunque tradicionalmente en castellano se separa con punto, la normativa internacional señala que se debe prescindir de él. Para facilitar la lectura de los millares, millones, etc., se recomienda dejar un espacio cada tres cifras empezando por el final. Ejemplos:

1 000 000   *3 256*   *32 000 000*

LA COMA

La **coma** (,) es un signo de puntuación que **separa partes** dentro de una oración. Respecto al punto, la coma representa una pausa más breve.

En los textos impresos, la coma se escribe siempre unida sin ningún espacio a la palabra anterior y se separa de la palabra siguiente con un espacio en blanco. Ejemplos:

Me dijo que, si no eran muy caras, me compraría una bici.

Mi hijo, que tiene veinte años, estudia Medicina.

La agencia tiene ofertas de viajes a Londres, París, Berlín, Amsterdam, Nueva York y Moscú.

REGLAS ÚTILES SOBRE LA COMA

Se utiliza **coma** en los siguientes casos:

- Para separar los elementos de una **enumeración**, siempre que entre ellos no aparezcan las conjunciones y, e, ni, o, u. Ejemplos:

  Elvira, Pedro, Julián y tu hermano vendrán a la fiesta.

  Hemos comido gambas, langosta, bogavante...

  No sé si vendrá el viernes, el sábado o el domingo.

- Para separar **vocativos** (nombres de personas) del resto de la oración. Ejemplos:

  ¿Sabes, Isabel, que te he traído un regalo?

  Manuel, te agradezco mucho tu opinión.

- Para añadir **incisos**, explicaciones, aclaraciones. Ejemplos:

  Su último disco, que salió en junio, no era de gran calidad.

  Este río, el Tajo, pasa por Toledo.

 No hay que confundir *la coma* con *el coma*. Este último es el estado en el que queda el cuerpo humano cuando las constantes vitales descienden hasta límites insospechados.

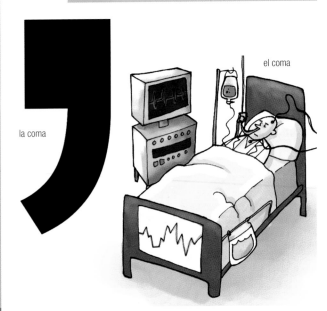

la coma

el coma

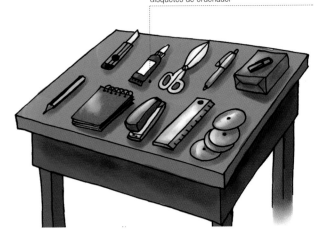

un cortapapeles, un tubo de pegamento, unas tijeras, una caja de clips, bolígrafo, lápiz, un bloc de notas, una grapadora, una regla, unos disquetes de ordenador

LAS COMAS SE RESBALARON DEL PAPEL

Los escritos de Manuela eran ilegibles porque ella despreciaba los signos de puntuación y llegó a convencer a Ricardo de la comodidad de prescindir de ellos, ya que se escribía más rápidamente y sin dudas sobre su colocación.

Se enteraron las comas y se deslizaron hacia el suelo en busca de alguien que supiera utilizarlas.

Manuela quedó doblemente asombrada al ver cómo se escapaban y al no comprender nada de lo que había escrito.

Oye, Manuela, ¿qué vamos a hacer con tantas comas?

No se puede separar con coma el sujeto y el verbo de una oración. Por lo tanto es incorrecto: *El niño, vio a lo lejos una gaviota*. Lo correcto es: *El niño vio a lo lejos una gaviota*.

Introducción

Signos de puntuación

Acentuación

Las mayúsculas

Abreviaturas

Las letras B y V

Las letras H, G y J

Las letras C, Z, K y el grupo QU

El dígrafo LL y la letra Y

Las letras M y N

La letra X

La letra R y el dígrafo RR

Las letras D, P, B y W

Casos especiales

Los números

Apéndices

Índice alfabético de materias

Las grandes ciudades tienen algunos inconvenientes; por ejemplo, la contaminación.
La **coma** también separa conectores que introducen explicaciones, ejemplos, etc., como **o sea**, **es decir**, **esto es**, **por ejemplo**, **sin embargo**, **por (lo) tanto**, etc.

Donde están ahora los columpios, jugaba yo de pequeña.

La **coma** separa una oración cuando ésta aparece al principio de un enunciado.

OTROS USOS DE LA COMA

- Se utiliza **coma** para separar el lugar y la fecha que aparecen encabezando las cartas y otros documentos. Ejemplo:

  Barcelona, 23 de abril de 2004.

- Puede indicar también la separación entre la parte entera y la parte decimal de un número. Ejemplos:

  27,5 - 446,49

- Se puede combinar con los puntos suspensivos y con los signos de interrogación y exclamación. Ejemplos:

  Maite, Ana, Mercedes..., todas fueron compañeras tuyas del colegio.

  Jorge, ¿dónde trabajas ahora?

REGLAS ÚTILES SOBRE LA COMA

Se utiliza **coma** en los siguientes casos:

- Para **separar una oración** cuando aparece al principio de un enunciado. Ejemplos:

  Tan pronto como lo supo, me comunicó la noticia.

  De lejos que está, ni siquiera se ve el campanario.

- Para indicar que **falta un verbo** en la oración porque se ha mencionado antes o porque se sobreentiende. Ejemplos:

  Mi hermano estudia Física; yo, Filosofía.

  Juan trajo dos libros; Sandra, algunos cuadernos.

- Para **separar adverbios** que afectan al resto de la oración y no sólo al predicado. Ejemplos:

  Afortunadamente, ya hemos terminado de pagar el piso.

  Por desgracia, le ha sido imposible acudir al encuentro.

¿De dónde viene "botánico"? Pues del griego *botane*, que significa "hierba".

El Jardín Botánico, que ha sido renovado, inaugura una exposición de cactus.
Las **comas** también se utilizan para aclarar conceptos o añadir explicaciones, en las oraciones subordinadas adjetivas.

En busca de...

El detective Lewis Farewell ha iniciado la búsqueda de los signos de puntuación que han huido del siguiente texto:

en la habitación se hallaron varias balas de un calibre determinado todos los que estaban allí no podían creerlo uno de ellos era el asesino pero qué pista definitiva los conduciría a él lo veremos más adelante

(Solución en pág.19.)

EL PUNTO Y COMA

El **punto y coma** (;) **separa partes** de un enunciado que están relacionadas entre sí (*Hoy voy al cine; mañana al teatro*). El punto y coma indica una **pausa** más larga que la de la coma y, en ocasiones, más breve que la del punto. Ejemplos:

> *Ayer estuve en el parque con mis sobrinos; hacía un sol espléndido.*

> *Ayer estuve en el parque con mis sobrinos. El día amaneció soleado.*

> *Ayer estuve en el parque con mis sobrinos, en el cine y en la escuela.*

 Nunca se escribe mayúscula después del punto y coma.

En las **enumeraciones**, la presencia de varias comas en el texto obliga a separar cada elemento de la serie con punto y coma.

Ayer estuve hablando con Manolo, el de la farmacia; con José, el de la ferretería; y con Maribel, la de la panadería. Y nadie sabía nada.

 El punto y coma se utiliza en una secuencia larga en la que hay muchas comas para diferenciar claramente las distintas partes de ésta.

En los mensajes SMS, enviados a través del móvil, la puntuación es inexistente y el estilo todavía más entrecortado y telegráfico que en el telegrama. Esta forma de sintetizar expresiones permite que un mensaje como *estoy en casa dos minutos y salgo para Barcelona, te quiero* de 60 caracteres se convierta en *stoy n ksa 2´ y slgo xa BCN tq* de sólo 30 caracteres.

El día amaneció soleado; los excursionistas emprendieron la marcha.

REGLAS ÚTILES SOBRE EL PUNTO Y COMA

• Se utiliza **punto y coma** cuando lo que sigue en el texto guarda una relación de significado con lo anterior. Esta relación puede ser:

- de contraste: *El martes pasado estuve en León; el jueves lo pasaré en Oviedo.*

- explicativa: *Cuando tengo mucho trabajo, me pongo nervioso; en otras palabras, me altero por cualquier cosa.*

• A veces es difícil escoger entre el **punto y coma** y el **punto**. Lo mejor es alternar ambos signos de puntuación, ya que un uso excesivo del punto, por ejemplo, crea un estilo entrecortado y telegráfico. Ejemplos:

> *Llegaré el lunes a mediodía e iré a ver a los abuelos; después, haré unas compras en el centro de la ciudad.*

> *Llegaré el lunes a mediodía. Iré a ver a los abuelos. Haré unas compras en el centro de la ciudad.*

Se llama "estilo telegráfico" porque recuerda al contenido de un telegrama. En éste se escribe con frases cortas, separadas por punto. Ejemplo:
Mañana. Llegada Marta. Recoger aeropuerto. Adiós.

LOS DOS PUNTOS

Los **dos puntos** (:) indican una **pausa** semejante a la del punto aunque, al contrario que éste, no indican el final de una oración. Los dos puntos anuncian o introducen lo que viene a continuación. Ejemplos:

Ya lo dice el refrán: «La avaricia rompe el saco».

Somos cuatro hermanos: dos chicos y dos chicas.

La directora nos dijo: «Mañana tendremos una reunión».

Querido Andrés: Gracias por tu carta...

REGLAS ÚTILES SOBRE LOS DOS PUNTOS

Se utilizan los dos puntos en los casos siguientes:

- Para introducir una **cita textual**. Ejemplo:

  Clara afirmó: «Nunca pensé que conducir fuera tan difícil».

- Para introducir **ejemplos** de lo dicho anteriormente:

  En Sevilla hay importantes monumentos. Ejemplos: la Giralda, la Torre del Oro, la Maestranza, etc.

- En el **encabezamiento** de cartas, discursos, instancias o informes, detrás de los nombres de cortesía. Ejemplos:

  Querido Eduardo:
  Te escribo desde Ibiza...

  Excmo. Sr. Ministro:
  Tengo el placer de comunicarle...

- Para introducir una **explicación** de lo anterior. Ejemplo:

  He de darme prisa: la floristería cierra a las dos.

La Giralda, torre campanario de la catedral de Sevilla (España).

Alemania, Francia y Suecia: éstos son los países que más dinero destinan a la educación.

En este ejemplo los **dos puntos** se utilizan para cerrar una **enumeración**.

En Matemáticas, se pueden poner dos puntos como signo de **división**:
$20 : 4 = 5$

RECUERDA

Tras los dos puntos siempre va minúscula, salvo en estos casos:

- Cuando se reproduce una cita:

  El libro comienza: «En un lugar de la Mancha...».

- En los encabezamientos de cartas:

  Querida Rosa:
  Ayer recibí tu carta y me alegra que estés bien.

«En un lugar de la Mancha de cuyo nombre no quiero acordarme...». Así empieza una de las mejores novelas de la literatura universal, *El Quijote*, de Miguel de Cervantes.

LOS PUNTOS SUSPENSIVOS

Los **puntos suspensivos** (…) son tres puntos seguidos sin espacios. Se utilizan:

- Para indicar que una **enumeración** podría continuar. Ejemplo:

    En el escaparate hay libros, libretas, estuches...

- Para indicar que se deja algo **inacabado** porque se da por hecho que el lector sabrá completarlo. Ejemplos:

    A buen entendedor...

    Si te viera Álvaro...

- Para indicar que en un texto citado **se elimina** alguna parte. En estos casos, los puntos suspensivos aparecen entre paréntesis (...) o entre corchetes [...]. Ejemplos:

    «Por lo general, nos escondíamos para tirarles piedras o huíamos [...] Para nosotros los chicos eran el terror.»
    (Ana Mª Matute, Los chicos)

El policía se acercó muy lentamente a la caja sospechosa y vio**...** unos cachorros de perro pastor que empezaron a mover la cola cuando lo vieron.

Los **puntos suspensivos** se utilizan también para crear suspense.

LAS COMILLAS

Existen diferentes tipos de **comillas**:

- latinas o españolas (« »)
- inglesas (" ")
- simples (' ')

Se recomienda el uso de las comillas latinas y utilizar los demás tipos cuando se tienen que emplear comillas dentro de un texto ya entrecomillado.

 No es aconsejable entrecomillar los nombres propios de instituciones, organismos, etc. Ejemplo:

*El museo «Guggenheim»

Es mejor *El museo Guggenheim*

Las comillas se utilizan para enmarcar el **significado** de una palabra, expresión, refrán, etc.

Tirar la toalla es una expresión que significa **"rendirse"**.

ALGUNAS REGLAS PARA EL USO DE COMILLAS

- Para indicar que una palabra o expresión se utiliza para hablar del lenguaje mismo:

    La preposición «de» se usa mucho en castellano.

- Para enmarcar títulos de artículos, noticias, trabajos, etc.:

    Nuestro trabajo se llama «Dieta mediterránea y salud».

- Se utilizan las comillas simples (' ') o las comillas inglesas (" ") cuando se deben emplear comillas dentro de un texto que ya aparece entrecomillado:

    La profesora dijo: «Anotad todos los sinónimos de "amable" que aparezcan en este texto».

Baltasar Gracián (1601-1659): «Lo bueno, si breve, dos veces bueno».
Las **comillas** se utilizan para indicar que una cita es textual, es decir, que es tal y como lo dijo su autor.

Introducción

Signos de puntuación

Acentuación

Las mayúsculas

Abreviaturas

Las letras B y V

Las letras H, G y J

Las letras C, Z, K y el grupo QU

El dígrafo LL y la letra Y

Las letras M y N

La letra X

La letra R y el dígrafo RR

Las letras D, P, B y W

Casos especiales

Los números

Apéndices

Índice alfabético de materias

LOS SIGNOS DE INTERROGACIÓN Y EXCLAMACIÓN

Los **signos de interrogación** (¿?) encierran preguntas: *¿Vas a venir?*, y los **signos de exclamación** (¡!) encierran exclamaciones que expresan emoción, alegría, pena, rechazo, admiración, etc.: *¡Qué traje más bonito!* Detrás de los signos de interrogación y exclamación no debe ponerse punto. El signo de cierre (*?!*) puede valer como punto y, cuando actúe como tal, lo que viene detrás debe escribirse en mayúscula.

USO DE LOS SIGNOS DE INTERROGACIÓN Y EXCLAMACIÓN

Interrogación
¿ ?

- Son siempre dos: uno al principio del enunciado y otro al final:

  ¿Te apetece un té?

- El signo de apertura de interrogación lleva el punto arriba, mientras que el del cierre lo lleva abajo:

  ¿Qué?

- El signo de cierre (?) indica llamada de atención sobre palabras que pueden ser erróneas o provocan confusión:

  Nos dijo que cada uno tenía que acoquinar (?) seis euros.

Exclamación
¡ !

- Son siempre dos: uno al principio del enunciado y otro al final:

  ¡Qué calor hace!

- El signo de apertura de exclamación lleva el punto arriba, mientras que el del cierre lo lleva abajo:

  ¡Hola!

- El signo de cierre (!) indica duda, ironía, sorpresa...:

  Dicen que este niño es capaz de memorizar cincuenta palabras (!) en un minuto.

A veces, una parte de la frase puede quedar fuera de los signos de interrogación.

Algunas onomatopeyas son universales, es decir, son iguales en todas las lenguas. Por ejemplo: cuando dos vehículos chocan, hacen *¡CRASH!*

RECUERDA

Cuando la oración es interrogativa y exclamativa al mismo tiempo, se recomienda abrirla con el signo de exclamación y cerrarla con el de interrogación o viceversa. Ejemplos:

¡Por qué te has comportado así?
/¿Por qué te has comportado así!

¡Es que no lo has visto? / ¿Es que no lo has visto!

Sin embargo, es frecuente, en estos casos, el uso de los dos signos de apertura y de cierre. Ejemplos:

¡¿Por qué te comportas así?!

¡¿Es que no lo has visto?!

Las palabras que representan a sonidos a menudo se presentan entre signos de puntuación.

EL PARÉNTESIS Y LOS CORCHETES

Los **paréntesis ( )** se utilizan, principalmente, para **encerrar aclaraciones** que se separan del resto del discurso. La secuencia que se escribe entre paréntesis suele pronunciarse en un tono diferente, más grave o bajo, que el resto de la oración.

Los **corchetes ([ ])** se utilizan con el mismo valor que los paréntesis cuando la aclaración que quiere hacerse está dentro de ellos.

¿Y esto? ¿Una fotografía de tu mamá...?

Darío **(**Saca una cartera. La abre. Paula curiosea**)**: *Mira...*
Paula **(**señalando algo**)**: *¿Y esto? ¿Una fotografía de tu mamá...?*

El **paréntesis** se utiliza también para marcar las **acotaciones** en las obras teatrales. En estas acotaciones se explica qué es lo que hacen los personajes.

CONFUSIÓN DE LOS PARÉNTESIS CON OTROS SIGNOS DE PUNTUACIÓN

La diferencia principal entre los **paréntesis** y las **comas** es que los paréntesis suponen un grado de separación mayor con lo que se está comunicando. Ejemplos:

Julio Cortázar (en la foto, a la derecha) vivió muchos años en París.

Julio Cortázar, el autor de Rayuela**,** *era argentino.*

El uso de paréntesis es parecido, en ocasiones, al uso de la raya. Sin embargo, el grado de separación que implica el paréntesis es mayor que el que implica la raya. Ejemplos:

El mitin político −celebrado ayer en esta misma localidad− abre la campaña electoral del año.

El mitin político (celebrado ayer en esta misma localidad) abre la campaña electoral del año.

LA UTILIZACIÓN DEL PARÉNTESIS Y DEL CORCHETE

Paréntesis	Corchetes
El cementerio de Montparnasse (París) es un lugar con mucho encanto.	*Paul Gauguin (1848, París [Francia]) es una de las figuras más representativas del Impresionismo.*

→ Los corchetes son signos utilizados con frecuencia en matemáticas.

Renoir (pintor impresionista francés) refleja en este cuadro el ambiente del barrio parisino de Montparnasse.

USO DE LOS PARÉNTESIS

Los paréntesis se utilizan para dar algún dato o hacer alguna precisión:

fechas:	*Después de acabar la carrera (1994) solicité una beca para trabajar en Alemania.*
números:	*Pagaron una cifra altísima (93 millones de euros) por ese cuadro de Picasso.*
desarrollo de una sigla:	*Hice el doctorado por la UNED (Universidad Nacional de Educación a Distancia).*

Julio Cortázar (Bruselas, 1914 - París, 1984) es autor de obras tan importantes como *Rayuela* (1963), *Historias de cronopios y de famas* (1962) o *La vuelta al día en ochenta mundos* (1967).

Introducción

Signos de puntuación

Acentuación

Las mayúsculas

Abreviaturas

Las letras B y V

Las letras H, G y J

Las letras C, Z, K y el grupo QU

El dígrafo LL y la letra Y

Las letras M y N

La letra X

La letra R y el dígrafo RR

Las letras D, P, B y W

Casos especiales

Los números

Apéndices

Índice alfabético de materias

EL GUIÓN Y LA RAYA

El guión es una línea horizontal de menor tamaño que la raya. Ejemplos:

científico-técnico   M-40   números 344-350

El guión (-) y la raya (–) no deben confundirse. Se utiliza el **guión** para **separar** las **palabras** al final de renglón. Ejemplo:

Cuando me he levantado esta mañana, he encendido la radio para oír las noticias.

Se utiliza la **raya** para **encerrar comentarios**, algo desconectados del resto de la oración. Ejemplo:

A veces me gustaría –no es fácil conseguirlo– publicar un libro sobre esta ciudad.

Se parecen mucho, pero no hay que confundirlos. La raya se utiliza mucho en los cuentos para explicar la situación de los personajes dentro de un diálogo y para delimitar las aclaraciones del narrador.

—¿Qué haces despierto, búho? —le preguntó el niño—. ¡Es hora de dormir!

USOS DEL GUIÓN Y DE LA RAYA

Guión -	Se utiliza guión cuando hay que dividir una palabra en sílabas:
	rei-na-do bus-ca-bais no-viem-bre
	des-ha-cer tras-hu-man-cia ex-tra-ño
	a-ne-xo re-ac-ción in-yec-ción
	at-lé-ti-co post-ro-mán-ti-co sub-rayar
Raya —	Se utiliza raya en los encabezamientos de los diálogos, cuando se reproduce una conversación. Ejemplo:
	— ¿Cómo estás, Raúl?
	— Bien, ¿y tú?
	Se utiliza también raya para delimitar los enunciados aclaratorios del narrador en un diálogo:
	—¿Dónde has estado?— preguntó su padre.
	—Aquí pasa algo —dijo Felipe—. Hay ruidos extraños.

Los dígrafos **ch**, **ll**, **rr**, **gu** y **qu** nunca pueden separarse ni aparecer al final de renglón: *ra-**cha**, re-**gue**-ro, ca-**lle**-jue-las, re-co-**rri**-do, mar-**que**-si-na.*

OTROS SIGNOS DE PUNTUACIÓN

Barra oblicua /	• Aparece en varias abreviaturas:
	c/ (calle o cuenta)
	c/c (cuenta corriente)
	s/n (sin número)
	• Para ofrecer dos opciones:
	niños/as
	D./D.ª
	verdadero/falso
	• En las fechas:
	02/08/99
Asterisco *	• Como llamada de nota en un texto. En estos casos el asterisco, a veces, aparece entre paréntesis (*).
	• Para indicar que una palabra, expresión u oración es incorrecta o no es gramatical:
	*Pienso de que no tienes razón (por pienso que...)
	*alante (por adelante)
	*tortículis (por tortícolis)
Llaves { }	• Se utilizan las llaves ({}) para encerrar cuadros sinópticos, opciones, clasificaciones, esquemas, etc.:
	oración compuesta { yuxtaposición / coordinación / subordinación

Augustus, el ladrón de signos, no sabe que el detective más sagaz del mundo le está siguiendo la pista...

...y finalmente, se descubrió que los signos del texto no habían huido por voluntad propia. El ladrón de signos Augustus los había robado, pues se cotizaban muy a la alza en el "Mercado de Valores Ortográficos". De esta manera, el texto volvía a ser él mismo, después de aquel saqueo.

«En la habitación se hallaron varias balas de un calibre determinado. Todos los que estaban allí no podían creerlo: uno de ellos era el asesino; pero ¿qué pista definitiva los conduciría a él?... ¡Caso resuelto! —exclamó Farewell.»

(Viene de la pág.13.)

LA ACENTUACIÓN

Todas las palabras que pronunciamos tienen una sílaba en la que recae una mayor fuerza de voz cuando la decimos. A esta sílaba que carga con una mayor intensidad la llamamos sílaba tónica. Ésta es en la que recaerá nuestra **entonacion**. Todas las palabras tienen una sílaba que se pronuncia más intensamente, es decir, que todas tienen acento fonético, pero no todas llevan **acento gráfico** o **tilde**.

LA TILDE (O ACENTO GRÁFICO)

Es la rayita que figura escrita sobre una vocal de la sílaba tónica de algunas palabras.

Muchas veces se utilizan como sinónimos las palabras acento y tilde, cuando no lo son y debemos claramente diferenciarlos.

Las reglas de acentuación dictadas por la Real Academia de la Lengua Española son las normas que rigen el uso de la tilde.

re**gar**   **ár**bol   **ró**tulo (de una tienda)   contene**dor**   pase**ar**   com**prar**   se**ñal**

pájaro

bal**cón**

pape**le**ra

se**má**foro

panade**rí**a

peat**ón**

a**ce**ra

cal**za**da

Las sílabas señaladas en **negrita** son las sílabas tónicas en las que recae el tono fuerte de voz.

LA FORMACIÓN DE SÍLABAS

• Una sílaba está formada por un sonido o conjunto de sonidos que se pronuncian en un solo golpe de voz. Ejemplo:

> *jau-la.*

• Una sílaba puede formarse con una sola vocal. Ejemplo:

> *a-la.*

• Puede estar formada por una consonante y una vocal. Ejemplo:

> *ca-sa.*

• También por una vocal y una consonante. Ejemplo:

> *al-de-a.*

• Una sílaba puede estar formada por tres letras: una vocal, una consonante y otra consonante. Ejemplo:

> *ins-ti-tu-tríz.*

• También, seguir la combinación: consonante, vocal y consonante. Ejemplo:

> *pal-me-ra.*

• La sílaba también puede seguir este orden: consonante, consonante y vocal. Ejemplo:

> *hom-bre.*

• Una sílaba puede combinar cuatro letras de la siguiente forma: consonante, consonante, vocal y consonante. Ejemplo:

> *pren-sa.*

PALABRAS SEGÚN EL NÚMERO DE SÍLABAS

Monosílabas	Bisílabas	Trisílabas	Tetrasílabas	Pentasílabas
sol	ca-fé	ca-no-a	bo-ca-di-llo	a-me-ri-ca-no
luz	pin-cel	ca-ra-col	te-lé-fo-no	of-tal-mó-lo-go
dos	bam-bú	ab-do-men	co-ti-za-ción	je-ro-glí-fi-co
más	fa-rol	pén-du-lo	re-lám-pa-go	e-co-nó-mi-co
el	más-til	o-re-ja	in-for-ma-ción	ma-te-má-ti-cas
de	ve-la	prín-ci-pe	di-fi-cul-tad	a-e-ró-dro-mo

SÍLABAS TÓNICA Y ÁTONA

Sílaba

tónica → Se pronuncia con mayor intensidad dentro de la palabra

átona → Se pronuncia con menor intensidad dentro de la palabra y en contraste u oposición con la sílaba tónica

ca-**lor**
ja-**bón**
pe-**ce**-ra
plá-ta-no

ca-lor
ja-bón
pe-**ce**-ra
plá-**ta**-no

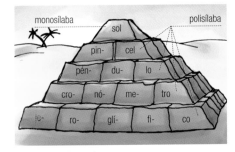

monosílaba   polisílaba

sol
pin - cel
pén - du - lo
cro - nó - me - tro
te - ro - glí - fi - co

Las palabras pueden tener una sílaba (monosílabas) o más de una (polisílabas).

Debemos aprender a separar bien las sílabas para acentuar correctamente las palabras.

LA VITAMINA "TILDE"

Había una vez en el país de los libros una familia muy simpática y dicharachera de cinco hermanas que se llamaban **vocales**. Todas ellas eran alegres y muy sociables. Les gustaba salir y verse con sus amigas las **consonantes**. Se reunían y formaban sílabas y palabras que eran sonoras y agradables al oído. A pesar de tener esta común característica familiar de la sociabilidad, no tenían todas el mismo carácter ni aficiones. Tres de ellas, la **A**, la **E** y la **O** eran fuertes porque les gustaba ir al gimnasio y hacer ejercicio. Eran musculosas, ágiles y estaban muy en forma. Sin embargo, las otras dos hermanas, la **I** y la **U** eran más tranquilas y, además, a menudo se resfriaban y tenían que guardar cama para curar la tos que les daba.

Tantas horas muertas en casa las había hecho aficionadas a los rompecabezas, los libros y la música.

El médico les había recomendado que tomaran de vez en cuando una tanda de vitaminas que las reforzara.

A veces las **vocales débiles** sentían envidia de sus hermanas las **vocales fuertes**, porque a ellas también les apetecía salir al cine o al campo, y se tenían que quedar encerradas. Cuando descubrieron la "vitamina **Tilde**" encontraron la solución a su problema. Con sólo una cápsula de esta vitamina se sintieron tan fuertes y competitivas como sus hermanas y ya supieron qué hacer cuando llegaba el invierno y la primavera.

La "vitamina tilde" mejoró mucho su calidad de vida y su estado general, ahora ya no se sentían tan débiles.

Cuando la vocal débil o cerrada lleva tilde y está junto a una fuerte se rompe el diptongo, ya que se produce un hiato. La vocal débil se ha reforzado con la tilde.

REGLAS ÚTILES: LOS DIPTONGOS Y TRIPTONGOS

• Un **diptongo** es la unión de **dos vocales** en una **misma sílaba**. Para que la unión sea posible, una de las dos vocales ha de ser fuerte o abierta (a, e, o) y la otra débil o cerrada (i, u), o bien las dos cerradas. Ejemplo:

*ab**ue**lo: a-**bue**-lo.*

• Un **triptongo** es la unión de **tres vocales** en una **misma sílaba**. La estructura del triptongo es: vocal cerrada + vocal abierta + vocal cerrada. Ejemplo:

*camb**iáis**: cam-b**iáis**.*

• El **hiato** es una secuencia de **dos vocales** pronunciadas en **distinta sílaba**. Se da un hiato cuando se suceden dos vocales abiertas, dos vocales cerradas iguales o una vocal abierta y una vocal cerrada tónica. Ejemplo:

*canoa: ca-**no**-a.*

La -**H**- entre vocales no impide que se forme un diptongo o un triptongo. Ejemplo: ***ahu**-ma-do.*

La -**Y** al final de palabra tiene valor de vocal; de manera que formaría diptongo si la vocal anterior fuera fuerte (a, e, o) o débil (u). Ejemplos: *hoy, ley.*

Al formar el plural estas palabras con -**y** recuperan el valor consonántico. Ejemplo: *leyes.*

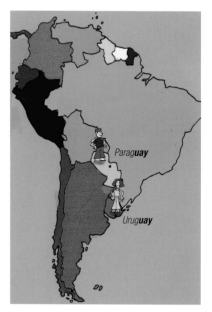

*Ana es de Urugua**y**. Es urugua**y**a. Mario es de Paragua**y**. Es paragua**y**o.*
La -**y** al final de palabra suena como vocal. Si va entre vocales, suena como semiconsonante.

A principio o final de palabra no se puede dejar sola una sílaba que conste de una vocal.

LAS REGLAS DE ACENTUACIÓN BÁSICAS

El **acento fonético** o **prosódico** corresponde a la **pronunciación** de las palabras. Todas las palabras tienen una sílaba que pronunciamos con mayor intensidad (**sílaba tónica**), pero no todas las palabras tienen **acento gráfico** o **tilde**.

CLASIFICACIÓN DE PALABRAS SEGÚN EL LUGAR DE LA SÍLABA TÓNICA

Agudas	Llanas	Esdrújulas	Sobreesdrújulas
Si la sílaba tónica es la última.	Si la sílaba tónica es la penúltima.	Si la sílaba tónica es la antepenúltima.	Si la sílaba tónica es la anterior a la antepenúltima.
in-**glés**	**ca**-lle	**lám**-pa-ra	**cóm**-pra-me-las
a-**bril**	**fó**-sil	**pá**-gi-na	ex-**plí**-ca-se-lo

Siempre estoy, pero no se me ve. (1)
Estoy y me gusta hacerme ver. (2)

La solución a estas dos adivinanzas es el acento (1) y la tilde (2). El acento indica la intensidad de la pronunciación. La tilde es un signo gráfico (´) que ponemos en algunas palabras según las reglas de acentuación.

Las vocales mayúsculas también llevan tilde si lo exigen las reglas de acentuación. Ejemplos: *Álvaro*, *África*, *Ítaca*.

REGLAS ÚTILES ACERCA DE LA TILDE

- Llevan tilde las palabras **agudas** de más de una sílaba que acaban en *vocal*, en *n* o en *s*, salvo que esta última vaya precedida de otra consonante. Ejemplos:

  sofá, *calcetín*, *francés*, pero atención a *robots*.

- Llevan tilde las palabras **llanas** que acaban en consonante **distinta** de *n* o *s*. Ejemplos:

  lápiz, *ágil*, *almíbar*.

- Si la palabra llana termina en *n* o *s* precedida de otra consonante o si acaba en *-x*, también hay que poner tilde. Ejemplos:

  bíceps, *fórceps*, *trémens*, *tórax*.

- Llevan tilde todas las **esdrújulas** y **sobreesdrújulas**. Ejemplos:

  química, *lágrima*, *díganoslo*.

Las palabras y expresiones latinas que son de uso frecuente en la lengua siguen las reglas generales de acentuación.

referéndum (llana)	*ultimátum* (llana)
réquiem (llana)	*etcétera* (esdrújula)
quórum (llana)	*máxime* (esdrújula)

NOMBRES GENTILICIOS

País	Gentilicio	País	Gentilicio
Francia	francés	Marruecos	marroquí
Perú	peruano	Irlanda	irlandés
Haití	haitiano	Pakistán	pakistaní
Alemania	alemán	Canadá	canadiense
Dinamarca	danés	México	mexicano
Irán	iraní	Tailandia	tailandés
Japón	japonés	Etiopía	etíope
Portugal	portugués	Holanda	holandés

PALABRAS QUE ADMITEN DOBLE ACENTUACIÓN Y PRONUNCIACIÓN

chófer	*chofer*	*ibero*	*íbero*
frijoles	*fríjoles*	*fútbol*	*futbol*
misil	*mísil*	*pelícano*	*pelicano*

La diferente acentuación y pronunciación de éstas y otras palabras depende de la zona geográfica de habla hispana, aunque la Real Academia de la Lengua Española tiene como más correctas aquellas que aparecen en la columna de la izquierda.

Bélgica

Azerbaiján

Canadá

Kazajstán

Turquía

Japón

México

Omán

Níger

Etiopía

Perú

Camerún

Papúa Nueva Guinea

Muchos países y, sobre todo, sus gentilicios llevan tildes.

Introducción

Signos de puntuación

Acentuación

Las mayúsculas

Abreviaturas

Las letras B y V

Las letras H, G y J

Las letras C, Z, K y el grupo QU

El dígrafo LL y la letra Y

Las letras M y N

La letra X

La letra R y el dígrafo RR

Las letras D, P, B y W

Casos especiales

Los números

Apéndices

Índice alfabético de materias

EXTRANJERISMOS EN UN TEXTO

Félix es un estudiante de último curso de *marketing*, además de un buen jugador de *béisbol* en la universidad. Lleva varios veranos trabajando en diferentes *burós* para realizar prácticas e ir conociendo a la vez que abriéndose camino en el difícil mundo laboral.

Ahora está preparando su *currículum* para presentarlo a una empresa publicitaria. Le piden además que adjunte una muestra de diferentes *eslóganes* que pudieran ayudar a una prestigiosa marca de bebidas refrescantes a salir de la situación de *déficit* en la que se halla hace unos años. Si prueba su valía podría incluso aspirar a ganar un premio o un *accésit* en el concurso de creatividad que dicha firma organiza. Pero para él lo más importante sería conseguir un puesto de trabajo y éste, de momento, le parece muy interesante para la empresa.

Convierta su d**é**ficit en super**á**vit.
EL TIEMPO ES SU VERDADERO VALOR

Acuda a nosotros, le aconsejaremos cómo solucionar su problema de falta de tiempo, y le mostraremos un abanico de posibilidades para disfrutar de su familia, de la naturaleza, de la lectura...

ACENTUACIÓN EN LAS PALABRAS DE OTRAS LENGUAS

Singular	Plural
*acc**é**sit*	*acc**é**sit*
*b**é**isbol*	*b**é**isbol*
*bur**ó***	*bur**ó**s*
*carn**é***	*carn**é**s*
*chal**é***	*chal**é**s*
claxon	*cl**á**xones*
*c**ó**ctel*	*c**ó**cteles*
*c**ó**mic*	*c**ó**mics*
*curr**í**culum*	*curr**í**culos*
*d**é**ficit*	*d**é**ficit*
eslogan	*esl**ó**ganes*
*est**á**ndar*	*est**á**ndares*
*l**á**ser*	*l**á**ser*
*parqu**é***	*parqu**é**s*

El castellano ha adoptado y ha hecho "suyas" algunas palabras que provienen de lenguas extranjeras. Éstas, seguirán las normas generales de acentuación. Los extranjerismos que no han sido adaptados al español no deben llevar tilde si su lengua de origen no la lleva.

PRETÉRITO INDEFINIDO Y FUTURO SIMPLE: DOS TIEMPOS CARACTERÍSTICOS DE LA ACENTUACIÓN

PRETÉRITO INDEFINIDO DE INDICATIVO

-AR	-ER	-IR
canté	*comí*	*escribí*
cantaste	*comiste*	*escribiste*
cantó	*comió*	*escribió*
cantamos	*comimos*	*escribimos*
cantasteis	*comisteis*	*escribisteis*
cantaron	*comieron*	*escribieron*

FUTURO SIMPLE DE INDICATIVO

-AR	-ER	-IR
cantaré	*comeré*	*escribiré*
cantarás	*comerás*	*escribirás*
cantará	*comerá*	*escribirá*
cantaremos	*comeremos*	*escribiremos*
cantaréis	*comeréis*	*escribiréis*
cantarán	*comerán*	*escribirán*

ayer (yo) pint**é** una acuarela

hoy (yo) leo una revista

mañana (yo) entregar**é** este proyecto

Las reglas de acentuación nos ayudarán en muchos casos a diferenciar palabras. Ejemplos:

habitó: pretérito indefinido del indicativo del verbo habitar.
habito: presente de indicativo del verbo habitar.
hábito: vestido de un monje/a. Costumbre.

El monje se puso su **hábito** y saltó de la cama sin pensárselo dos veces. Para él madrugar se había convertido en un **hábito**, y este momento del día era uno de los más agradables.

ayer (ella) nad**ó** ocho piscinas

hoy (ella) juega al tenis

mañana (ella) correr**á** 50 metros

La primera y la tercera persona del singular del pretérito indefinido de indicativo llevan tilde porque son agudas acabadas en vocal. Todas las personas del futuro simple de indicativo llevan tilde (excepto la primera persona del plural) por ser agudas que siguen la regla general de acentuación.

DIPTONGOS, TRIPTONGOS Y HIATOS

Los **diptongos** y los **triptongos** llevan tilde si lo exigen las reglas generales de acentuación. Los **hiatos** no siguen dichas reglas y llevan tilde para deshacer el diptongo. Hay que tener en cuenta que en algunas palabras no queda clara la frontera entre el diptongo y el hiato.

DIPTONGOS POSIBLES

ai	au	ia	ua	iu
ei	eu	ie	ue	ui
oi	ou	io	uo	

TRIPTONGOS POSIBLES

iai	iei	iau
uei	uai	uau

Estas palabras tienen diptongo. Algunas llevan tilde siguiendo las normas de acentuación.

ciénaga   *cuidador*   *ración*   *caimán*   *turbia*

REGLAS ÚTILES ACERCA DE LA TILDE

- Si el diptongo está formado por vocal abierta y vocal cerrada o a la inversa y debe llevar tilde, ésta se coloca sobre la vocal abierta. Ejemplos:

  salgáis, ración.

- Si el diptongo está formado por dos vocales cerradas y debe llevar tilde, ésta se coloca en la segunda vocal. Ejemplos:

  intuí, destruí.

- Si el triptongo debe llevar tilde, ésta se coloca siempre sobre la vocal abierta. Ejemplos:

  estudiáis, actuéis.

- Dos vocales abiertas o fuertes que están formando hiato llevarán tilde o no según las reglas generales de acentuación. Ejemplos:

  león, canoa.

- Los hiatos formados por vocal abierta y vocal cerrada o a la inversa llevan tilde sobre la vocal cerrada y constituyen una excepción. Ejemplos:

  Ma-rí-a, re-ír.

UNA HISTORIA ¿CON O SIN ACENTO?

En las últimas *olimpiadas* un deportista *austriaco* se sintió repentinamente muy mal. El médico diagnosticó un ataque agudo de reúma y le sugirió un *período* de reposo.

Al corredor le resultó difícil aceptar esta recomendación e hizo caso omiso de las palabras del doctor y siguió en la competición. Pocos días después su estado de salud se complicó y padeció una crisis *cardíaca*; afortunadamente, no tuvo consecuencias peores. No deberíamos desestimar a la ligera los consejos de los médicos que velan por nuestra salud.

La palabra *olimpiada* puede tener doble acentuación, pero es más correcta sin tilde.

PALABRAS CON DOBLE ACENTUACIÓN

alveolo	alvéolo	período	periodo
amoníaco	amoniaco	policíaco	policiaco
austriaco	austríaco	reúma	reuma
cardíaco	cardiaco	utopía	utopia
olimpiada	olimpíada		

Ambas formas están admitidas (con diptongo o hiato), pero la primera es la más recomendable según la RAE.

Los infinitivos *freír*, *oír* y *reír* llevan tilde sobre la *i* según la norma reciente de la RAE. También las formas imperativas *freíd*, *oíd* y *reíd* la llevarán.

En el caso de algunas palabras con cuatro vocales seguidas, dos de las cuales forman un diptongo, la tilde marca también dos hiatos. Ejemplo:

  cre - í - ais
  hiato hiato diptongo

Estas palabras de diferente número de sílabas tienen hiato. Las tildes en los hiatos no siguen las reglas de acentuación establecidas. **Rí-o** es llana y no debería llevar tilde, pero es hiato.

rí-**o**   a-cor-d**e**-**ón**   pa-na-de-**rí**-**a**

Introducción

Signos de puntuación

Acentuación

Las mayúsculas

Abreviaturas

Las letras B y V

Las letras H, G y J

Las letras C, Z, K y el grupo QU

El dígrafo LL y la letra Y

Las letras M y N

La letra X

La letra R y el dígrafo RR

Las letras D, P, B y W

Casos especiales

Los números

Apéndices

Índice alfabético de materias

REGLAS ÚTILES PARA EL GRUPO *UI*

• El grupo *ui* siempre se considera diptongo para la escritura.

• Llevará tilde sobre la *i* cuando ocupe la sílaba final de una palabra aguda y se vea afectada por la regla de las agudas (terminadas en **vocal**, *n* o *s*). Ejemplos:

construí, atribuí, huí.

• También se acentuará cuando la palabra sea esdrújula. Ejemplos:

jesuítico, lingüístico, casuístico.

• De igual manera se hará ante vocal con la que no puede formar, lógicamente, diptongo ni triptongo. Ejemplos:

construía, fluía, atribuía.

No llevan tilde los infinitivos terminados en *uir*, ni los participios terminados en *uido*: *huir, imbuir, derruir, huido, imbuido, derruido.*

UN CASO DE HIATO

Cuando hay un hiato con la secuencia: vocal débil (i – u), tónica más vocal fuerte (a – e – o) se pondrá siempre tilde aunque sea contraviniendo las reglas generales de acentuación.

Los demás hiatos seguirán las normas habituales correspondientes para las agudas, llanas y esdrújulas. Ejemplos:

tío ⟶ *tí - o*

búho ⟶ *bú - ho*

vía ⟶ *ví - a*

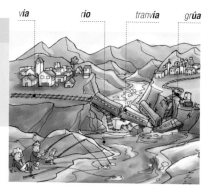

Todas estas palabras tienen hiato. La vocal débil queda reforzada por la tilde. No forman diptongo.

LA HISTORIA DEL TRANVÍA

El *tranvía* del pueblo de mi *tío* que enlaza Villarosa de Arriba con Villarosa de Abajo atraviesa el *río* por un puente ruin y viejo. El otro *día* descarriló de la *vía* porque a un *crío* se le *había* ocurrido dejar su bicicleta abandonada mientras él pescaba en el arroyo. Tuvieron que esperar a que una *grúa* lo recolocara en su sitio y así se restableció el paso y de nuevo los vecinos de uno y otro pueblo pudieron desplazarse como era habitual desde *hacía* ya muchos años.

EL PRESENTE DE INDICATIVO Y SUBJUNTIVO DE LOS VERBOS TERMINADOS EN -IAR Y -UAR

PRESENTE DE INDICATIVO

Copiar		Acentuar	
copio	copiamos	acentúo	acentuamos
copias	copiáis	acentúas	acentuáis
copias	copian	acentúa	acentúan

PRESENTE DE SUBJUNTIVO

Copiar		Acentuar	
copie	copiemos	acentúe	acentuemos
copies	copiéis	acentúes	acentuéis
copie	copien	acentúe	acentúen

Había una rosa.   *Había* muchas rosas.

Recuerda que el verbo **haber** cuando va solo (sin un participio detrás) no puede ser utilizado en plural.

Los triptongos, en caso de tener que llevar tilde, la llevan sobre la vocal abierta. Ejemplos: *estudiáis, refugiéis.*

En los diptongos y triptongos acabados en *y* no se pone nunca tilde.

EL IMPERFECTO DE INDICATIVO, EL CONDICIONAL SIMPLE Y LOS HIATOS

PRETÉRITO IMPERFECTO DE INDICATIVO

Haber	Hacer	Tener
había	hacía	tenía
habías	hacías	tenías
había	hacía	tenía
habíamos	hacíamos	teníamos
habíais	hacíais	teníais
habían	hacían	tenían

CONDICIONAL SIMPLE

Haber	Hacer	Tener
habría	haría	tendría
habrías	harías	tendrías
habría	haría	tendría
habríamos	haríamos	tendríamos
habríais	haríais	tendríais
habrían	harían	tendrían

MONOSÍLABOS

Las **palabras monosílabas** son las que tienen una sola sílaba. Hay dos clases de palabras monosílabas: las **tónicas** y las **átonas**. Las primeras tienen un mayor contenido semántico (*sol, mes, vas*) y las segundas aportan una información gramatical (*mi,* *de, la*). Las palabras monosílabas no llevan generalmente tilde. Y si lo hacen es para distinguirse la forma tónica o átona. La tilde que se coloca en estos casos recibe el nombre de **tilde diacrítica**.

ACENTO DIACRÍTICO

Con tilde	Sin tilde
él (pronombre personal)	*el* (artículo)
mí (pronombre personal)	*mi* (determinante posesivo)
tú (pronombre personal)	*tu* (determinante posesivo)
sí (pronombre y afirmación)	*si* (conjunción condicional)
dé (verbo dar)	*de* (preposición)
té (bebida)	*te* (pronombre personal)
sé (verbo saber y ser)	*se* (pronombre)
más (adverbio de cantidad)	*mas* (conjunción = pero)

Algunas palabras monosílabas que tienen distinto significado se escriben igual y no precisan tilde pues no pueden confundirse por el contexto. Ejemplos: *sal* (del verbo salir), *sal* (sustantivo. Cloruro sódico).

la Sra. Morris toma el *té* a las cinco, pero *tú te* tomas el *té* a las siete

Te (pronombre personal); *té* (bebida); *tú* (pronombre personal).

La conjunción disyuntiva *o* puede llevar tilde cuando se escribe entre cifras. En este caso funciona como tilde diacrítica que la diferencia del número cero. Ejemplo: Cuesta 10 *ó* 12 euros.

Actualmente, los monosílabos *fue, fui, vio* y *dio* no llevan tilde. Siguen la regla general de acentuación de los monosílabos.

ACENTUACIÓN EN MONOSÍLABOS

Él desayuna en *el* balcón los domingos de verano.

Mi aniversario de boda es para *mí* una fecha inolvidable.

Tú vives en un barrio en el que el vecindario cuida de que *tu* acera y la de los demás estén siempre limpias.

Creo que *si* se dan las circunstancias favorables *sí* acudiré a la reunión.

Dudo que te *dé* la solución *de* la ecuación.

¿*Te* gusta el *té* verde o prefieres el *té* negro?

No *sé* si *se* sabrá afeitar la barba él solo.

El caballero pidió un corcel *más* veloz para su vasallo, *mas* el rey no se lo dio.

Introducción

Signos de
puntuación

Acentuación

Las
mayúsculas

Abreviaturas

Las letras
B y V

Las letras
H, G y J

Las letras
C, Z, K y
el grupo QU

El dígrafo LL
y la letra Y

Las letras
M y N

La letra X

La letra R y el
dígrafo RR

Las letras
D, P, B y W

Casos
especiales

Los números

Apéndices

Índice
alfabético
de materias

RECUERDA

Los pronombres interrogativos y exclamativos llevan tilde sin excepción. Hay que prestar atención a las preguntas indirectas, ya que en este caso los pronombres se acentúan. Algunas de estas partículas son monosilábicas, otras no.

LA ACENTUACIÓN DE LOS INTERROGATIVOS Y EXCLAMATIVOS

Interrogativos y exclamativos	Relativos y conjunciones
No sabemos **qué** quiere para su cumpleaños. (pregunta indirecta)	No nos ha dicho **que** ha cambiado de trabajo.
¿**Qué** tiempo hará hoy?	Dicen **que** mañana lloverá.
¡**Qué** calor hace!	Te voy a hablar del chico **que** te presenté ayer.
¿**Quién** está hablando tan fuerte?	Invita a **quien** quieras.
No sé de **quién** me estás hablando. (pregunta indirecta)	Estudia con **quien** quieras.
¿**Cuál** de ellos es tu hijo?	Se enfadó, por lo **cual** se marchó.
¡**Cómo** llueve!	Haz **como** que no lo ves.
¿**Cómo** se llama tu vecino del ático?	Explícaselo **como** quieras.
Dime **cómo** lo harás. (pregunta indirecta)	Lo hago **como** me explicaste.
¿**Cuándo** quedaremos para ir al teatro?	Saldremos **cuando** acabemos los exámenes.
Pregúntale **cuándo** vendrá a visitarnos. (pregunta indirecta)	Me dice que vendrá **cuando** pueda.
¡**Cuánta** gente en la playa!	Se presentó en la oficina en **cuanto** pudo.
¿**Dónde** has guardado los bolígrafos que compramos ayer?	Están **donde** siempre los guardamos, que es en el cajón del escritorio.
No sé **dónde** viven tus tías. (pregunta indirecta)	Lo encontré **donde** me dijiste.

En Roma 32 ºC. ¡**Qué** calor!
En Moscú -2 ºC. ¡**Qué** frío!
En Londres hoy 180 l/m².
¡**Cuánto** ha llovido!
En los Alpes hoy 110 cm
de nieve polvo.
¡**Cuánta** nieve ha caído!

¿**Qué** título le pondrías a esta escultura? Recuerda que la tilde de los pronombres interrogativos y exclamativos es diacrítica porque los distingue de su uso como pronombres relativos o conjunciones.

FORMAS INTERROGATIVAS Y EXCLAMATIVAS

Qué; quién, quiénes; cuál, cuáles; cómo; cuándo; cuánto, cuánta, cuántos, cuántas; dónde.

DIACRÍTICO BISÍLABO

sólo (= adverbio; solamente)

solo (= adjetivo; de soledad)

EL LIBRO DE LOS PORQUÉS

Ayer fue presentado ante la prensa un libro que ha despertado el interés de niños y adultos. Su título, *El libro de los* **porqués**, es muy sugestivo a la vez que intrigante.

Usted se preguntará **por qué** debería comprárselo. Y la razón **por que** no debe faltar en su biblioteca es que da respuesta a múltiples y curiosas cuestiones que a todos se nos plantean tarde o temprano.

¿**Por qué** no va a comprárselo si además su hijo va a estar encantado de ir desgranando con usted enigmas y respuestas a **por qué** no podemos alimentarnos sólo de golosinas o **por qué** venimos del mono o **por qué** estornudamos cuando estamos al sol?

En estos momentos creo que le he dado el **porqué** para hacerse con este libro que no le defraudará.

¿Por qué nos entran ganas de bostezar?

Carmen Gil
Johanna A. Boccardo

Parramón

Quiero un café **solo**, sin leche.

Quiero **sólo** un café, no quiero bollos.

Solo puede ser también un sustantivo y no lleva tilde. Ejemplo: *Clara tocará un* **solo** *de piano en el recital de fin de curso.*

POR QUÉ, PORQUE, PORQUÉ Y POR QUE

por qué	interrogativo
porque	causal
el porqué	el motivo (sustantivo)
por que	preposición + conjunción
	por el cual, por la cual

PALABRAS COMPUESTAS

Las **palabras compuestas** son las formadas por la unión de dos o más unidades. Sabemos que la creación de palabras en nuestro lenguaje se puede hacer por dos vías: la **derivación** o la **composición**. En la derivación formamos nuevos vocablos a partir de una raíz o morfema léxico al que se le añade una desinencia o morfema gramatical (*barrer – barrendero*). En el caso que nos ocupa ahora, la composición, la creación de una nueva palabra se consigue a partir de la unión o adición de otras.

Veremos que hay dos tipos de palabras compuestas según se escriban en un solo término o separadas por un guión.

Cuando se trate de acentuarlas, veremos que hay que tenerlo en cuenta para ajustarnos a unas normas que indicaremos.

TIPOS DE PALABRAS COMPUESTAS

- **Palabras compuestas**
  - **Palabras unidas sin guión**
    - Formadas con verbo y sustantivo. Ejemplo: ***sacacorchos***
    - Formadas con dos adjetivos que representan unidad. Ejemplo: ***latinoamericano***
  - **Palabras separadas por un guión**
    - Indican cierto contraste. Ejemplo: ***amarillo-verdoso***
    - Indican una idea unificada. Ejemplo: ***teórico-práctico***

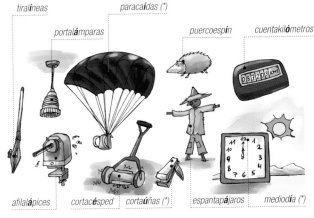

tiralíneas   *paracaídas (*)*   *portalámparas*   *puercoespín*   *cuentakilómetros*

afilalápices   *cortacésped*   *cortaúñas (*)*   *espantapájaros*   *mediodía (*)*

Estas palabras compuestas (*) llevan tilde siguiendo la regla general de acentuación o las normas de hiato.

PALABRAS COMPUESTAS CON TILDE

pie			
punta**pié**	hinca**pié**	tentem**pié**	ciem**piés**

Algunos monosílabos (que, como ya dijimos, no se acentúan habitualmente) llevan tilde al formar una palabra compuesta, ya que ésta pasa a tener más sílabas y se ajusta a las normas generales de acentuación. Ejemplos: *adiós, sinfín, vaivén*.

REGLAS ÚTILES SOBRE LAS PALABRAS COMPUESTAS

- Las palabras compuestas que se escriben en un solo término conservan únicamente la tilde del último componente de acuerdo con las normas generales; o sea, que el primer término la pierde si llevaba. Ejemplos:

  haz + me + reír ⟶ *hazmerreír*

  corta + césped ⟶ *cortacésped*

  tío + vivo ⟶ *tiovivo*

- Las palabras compuestas que se escriben con guión conservan la tilde de cada componente; ya que se consideran como simples a efectos de la acentuación. Ejemplos:

  filosófico-matemático

  histórico-geográfico

  científico-técnico

La expresión "*hacer* **hincapié**" se utiliza con el significado de insistir.

*Es el **mandamás** de la empresa.*   *Fue el **hazmerreír** del público.*

Introducción

Signos de
puntuación

Acentuación

Las
mayúsculas

Abreviaturas

Las letras
B y V

Las letras
H, G y J

Las letras
C, Z, K y
el grupo QU

El dígrafo LL
y la letra Y

Las letras
M y N

La letra X

La letra R y el
dígrafo RR

Las letras
D, P, B y W

Casos
especiales

Los números

Apéndices

Índice
alfabético
de materias

REGLAS ÚTILES SOBRE LA ACENTUACIÓN DE PALABRAS COMPUESTAS

• También se puede componer palabras añadiéndole a un verbo uno o varios pronombres. A estas formas que se unirán al verbo se les llamará **enclíticos**. Ejemplo:

*avísa**le**.*

• Los verbos a los que se les añade un pronombre enclítico (que va unido detrás del verbo) conservan la tilde si antes la tenían. Ejemplos:

*dé**me**, mar**chó**se.*

• No se coloca tilde si el verbo por sí solo no la lleva, a no ser que al sumarle el pronombre la palabra pase a ser esdrújula o sobreesdrújula. Ejemplos:

di + ga + me ———▶ ***dí**game* (esdrújula)

pien + sa + te + lo ——▶ ***pié**nsatelo* (sobreesdrújula)

• Los adverbios acabados en –mente conservan el acento si el adjetivo del que provienen lleva tilde. Ejemplo:

fá-cil ————▶ *fácil**mente***

Adjetivo	Adverbio
difícil	*difícil**mente***
rápido	*rápida**mente***
tímido	*tímida**mente***
frío	*fría**mente***
último	*última**mente***
ágil	*ágil**mente***
inútil	*inútil**mente***
cortés	*cortés**mente***
íntimo	*íntima**mente***

Por analogía, a veces ponemos tilde a la palabra *solamente* porque parece que viene del adverbio *sólo*; pero es una equivocación, ya que esta palabra proviene del adjetivo *sola* + *mente*. Como el adjetivo *sola* no lleva tilde, *solamente* nunca lo llevará.

Eres rápido, pero todavía tienes que correr más rápidamente.

Es muy difícil. Difícilmente pasaré el examen.

EL IMPERATIVO Y LOS ENCLÍTICOS

Ejemplo: *Tú, entrega el ejercicio de ortografía.*

lo ———▶ *Tú, entréga**lo**.*

Tú entrega
- se + lo ——▶ *Entréga**selo** al profesor.*
- me + lo ——▶ *Entréga**melo** a mí.*
- nos + lo ——▶ *Entréga**noslo** a nosotros.*

Tú	Vosotros	Ustedes
*bébe**telo***	*bebé**oslo***	*béban**selo***
*cómpra**telo***	*comprá**oslo***	*cómpren**selo***
*arrégla**telo***	*arreglá**oslo***	*arréglen**selo***
*apúnta**telo***	*apuntá**oslo***	*apúnten**selo***

CASO ESPECIAL DE SEPARACIÓN EN PALABRAS COMPUESTAS

En las palabras compuestas y en las formadas por dos palabras o por un prefijo y una raíz, la separación silábica puede llevarse a cabo de dos formas diferentes: respetando los dos componentes o siguiendo las reglas de agrupación silábica. Ejemplos:

nos-otros   *no-**s**otros*

*de**s**-animar*   *de-**s**animar*

*ma**l**-educado*   *ma-**l**educados*

Si la palabra lleva **h** precedida de consonante, se dividirá de manera que la consonante quede al final de la línea y se empezará la siguiente con la **h**. Ejemplos:

*des-**h**idratar*

*al-**h**elí*

¿CÓMO TRASPLANTAR UNA PLANTA?

*1. Tome con cuidado la maceta con una mano. Vué**l**quela sobre su otra mano para que la planta y la tierra se desprendan. 2. Pá**s**ela con cuidado a otra maceta. Añá**d**ale tierra hasta cubrir suficientemente la superficie. 3. Apriete la tierra para que se asienten bien las raíces y rié**g**uela.*
Los pronombres enclíticos hacen que la palabra sea ahora más larga, ya que éstos se han adherido al verbo.

Algunos latinismos se escriben incorrectamente. Ejemplo: *ad hoc* se escribe en dos palabras, aunque muy frecuentemente se ve escrito *adhoc*. Recuerda que significa "para un fin determinado".

LA ACENTUACIÓN DE LOS DEMOSTRATIVOS

Las formas demostrativas **este**, **ese** y **aquel**; **esta**, **esa** y **aquella** y sus formas plurales **estos, esos** y **aquellos**; **estas, esas** y **aquellas** pueden hacer la función de determinantes (acompañan a un sustantivo) o de pronombres (sustituyendo al sustantivo o nombre).

¡**Ese** planeta me gusta!

Yo prefiero aqu**é**l.

EJEMPLOS DE DESMOSTRATIVOS

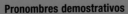

Determinantes demostrativos
***Este** coche deportivo.*
***Esa** camisa a cuadros.*
***Aquellos** bombones de licor.*

Pronombres demostrativos
***Éstos** son muy bonitos (zapatos negros).*
***Ése** es nuevo (el rascacielos).*
*Me compraré **aquéllas** (galletas).*

Pronombres demostrativos neutros
***Esto** te parecerá un simple vaso, pero es un pluviómetro para medir la cantidad de agua caída.*

Los demostrativos que presentan un nombre no llevan tilde; si actúan como pronombres sí deben llevarla para evitar cualquier ambigüedad.

REGLAS ÚTILES SOBRE LOS DEMOSTRATIVOS

• Cuando los demostrativos funcionan como determinantes no llevan tilde. Ejemplo:

Esta *casa nueva.*

• Cuando los demostrativos son pronombres (sustituyen al nombre) llevan tilde. Ejemplo:

¡**Ése** *es el que quiero!*

• Las formas neutras *esto, eso, aquello* nunca llevan tilde porque no se pueden confundir con ningún determinante; sin embargo, *éstos, ésos, aquéllos* sí la llevan. Ejemplo:

Eso *es mío.*

 Cuando los demostrativos van seguidos de **que** (relativo), sin coma, no llevan tilde. Ejemplo: *Aquel **que** hable, lo debe hacer con claridad.*

SINO O *SI NO*

Si no (conjunción + adverbio)	*Sino* (sustantivo)
***Si no** riegas esos geranios, se secarán.*	*Don Álvaro o la fuerza del **sino** es una obra romántica (sino = destino).*

DIACRÍTICO MONOSÍLABO

Aún (todavía, adverbio)

¿Costumbres perdidas?

*¿**Aún** te levantas tan temprano?*

*¿**Aún** vives en la calle Rosales n.º 10?*

*¿**Aún** tocas el piano?*

En estas preguntas quiero saber si las actividades tienen continuidad. ***Aún*** equivale a *todavía*.

Aun (= incluso, conjunción)

Venciendo adversidades

***Aun** lloviendo, jugaron el partido.*

***Aun** haciendo mucho calor, corre.*

***Aun** teniendo fiebre, se fue al trabajo.*

En estas respuestas confirmo que, a pesar de las adversidades, la acción se lleva a cabo. ***Aun*** equivale a *incluso*.

LA DIÉRESIS

La letra **g** puede, como ya sabemos, representar dos sonidos diferentes según se combine con las vocales **a, o, u** (*ga*to, *go*ta, *gu*sano), o con las vocales **e, i** (*gen*te, *gi*motear). En este último caso la **g** suena como una **j**. Si quiero mantener el primer sonido con las vocales **e, i** tengo que escribir una **u** que no se pronuncia (**gue**rra, **gui**sante).

Pero todavía podemos encontrar otra combinación, y es la **gü** seguida de las vocales **e, i**. A estos puntitos (signo ortográfico) se les llama diéresis; y nos indicará que la **u** debe pronunciarse (ver**güe**nza, pin**güi**no).

En tales palabras **üe** y **üi** forman diptongo.

VERBO *AVERGONZARSE*

| INDICATIVO | SUBJUNTIVO | |
Presente	Presente	Imperativo
me aver**güe**nzo	me aver**güe**nce	aver**güé**nzate
te aver**güe**nzas	te aver**güe**nces	aver**güé**ncese
se aver**güe**nza	se aver**güe**nce	avergonzaos
nos avergonzamos	nos avergoncemos	aver**güé**ncese
os avergonzáis	os avergoncéis	
se aver**güe**nzan	se aver**güe**ncen	

PALABRAS DERIVADAS CON DIÉRESIS

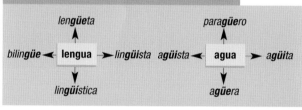

ORIGEN DE LA PALABRA AGÜERO

La palabra **agüero** no es derivada de agua, sino del latín **augurium** que quiere decir presagio o señal de algo futuro. Los romanos creían en el arte de la adivinación; el **augur**

era un ministro en la antigua Roma que interpretaba el futuro a partir de la observación del canto, el vuelo, la manera de comer de las aves y el examen de las vísceras de los animales sacrificados a los dioses. Actualmente se utiliza en la expresión *pájaro de mal agüero*. Ejemplo: *No seas pájaro de **mal agüero**.* Con el sentido de no llames a la mala suerte.

SON AVES PERO TIENEN DIFERENCIAS

*pin**güi**nos*

Se diferencian en la longitud y forma del pico; en la forma y tamaño de sus patas; en su hábitat y alimentación; y en la forma de moverse. **Güe** y **güi** llevan diéresis.

*ci**güe**ña*

PALABRAS CON DIÉRESIS

- Antes de atarte los cordones de los zapatos debes estirar bien la len**güe**ta.
- Fernando Lázaro Carreter ha sido un lin**güi**sta de gran proyección para la lengua castellana.
- La lin**güí**stica es la ciencia que estudia el lenguaje y las lenguas.
- Marcelo es bilin**güe**, habla indistintamente el italiano y el francés.
- Dejad los paraguas en el para**güe**ro antes de entrar en el aula.
- Como no se encontraba bien después del banquete, le dimos una a**güi**ta de menta.
- El agua corría caudalosamente por la a**güe**ra después de las fuertes lluvias.
- Los a**güi**stas acuden a los balnearios para beneficiarse de las aguas medicinales.

El adjetivo *len**güi**largo* se utiliza como sinónimo de deslenguado, atrevido en el hablar. Por el contrario, una persona *len**güi**corta* es aquella que es reservada, de pocas palabras. Estos adjetivos son de uso coloquial.

*len**güi**largo*   *len**güi**corto*

UNA LICENCIA POÉTICA

En el verso la **diéresis** es considerada como una **licencia poética** por la perceptiva tradicional. Se emplea para deshacer un diptongo, y leerlo como hiato, de donde resulta una sílaba métrica más de las sílabas fonológicas del verso.

Este hecho deberá ser tenido en cuenta al comentar las características métricas de un poema. No es lo mismo el número de sílabas

fonológicas que el número de sílabas métricas. Ejemplo:

«Convida a un dulce sueño
Aquel manso ru**ï**do
Del agua que la clara fuente envía.»

Égloga I
Garcilaso de la Vega

Introducción

Signos de puntuación

Acentuación

Las mayúsculas

Abreviaturas

Las letras B y V

Las letras H, G y J

Las letras C, Z, K y el grupo QU

El dígrafo LL y la letra Y

Las letras M y N

La letra X

La letra R y el dígrafo RR

Las letras D, P, B y W

Casos especiales

Los números

Apéndices

Índice alfabético de materias

LAS LETRAS MAYÚSCULAS

La lengua tiene dos tipos de letras, las **mayúsculas**, de mayor tamaño, y las **minúsculas** que son las que habitualmente usamos. La forma no tiene por qué ser exactamente igual entre las unas y las otras. A las **mayúsculas** se las conoce con el nombre de "letras de palo", que parece expresar menos la personalidad y el grafismo del que escribe. Las mayúsculas se utilizarán –entre otras cosas– para rellenar impresos o documentos, ya que el uso de este tipo de letra es más claro que la letra minúscula, que adquiere una forma más característica según el que escribe.

REGLAS SOBRE EL USO DE MAYÚSCULAS

- Al empezar un texto la primera letra de la palabra inicial.

- Al empezar una nueva palabra después de un punto.

- En una carta, después de los dos puntos del encabezamiento.

- En los nombres propios y apellidos de personas. Ejemplos:

    Rosa, Alberto, Martínez.

- En los nombres de ciudades y países (no en los gentilicios). Ejemplo:

    Puerto Rico ⟶ *puertorriqueño.*

- En los nombres de calles. Ejemplo:

    Gran Vía.

- En los nombres de montañas, ríos, mares u otros accidentes geográficos. Topónimos. Ejemplos:

    el Amazonas, los Andes, Mar del Caribe.

- En los nombres de instituciones y organismos. Ejemplos:

    Real Academia Española,

    Organización de las Naciones Unidas.

- También se escriben con mayúscula las abreviaturas de los puntos cardinales. Ejemplos:

    N (norte), *S* (sur), *E* (este), *O* (oeste).

- En mayúscula irán también los nombres de leyes, decretos y tratados. Ejemplo:

    el Código Penal.

- Al abreviar ciertas formas de tratamiento. Ejemplos:

    Sra., Sr., Srta., Ud.

En español las mayúsculas se acentúan cuando lo exigen las normas generales de la acentuación.

La carta.

Sr. Pedro Salvat
C/ Viriato 12
28012 Madrid

Rte. Ana López
Pl. de la Habana 3
28003 Madrid

Se escriben con mayúscula inicial los nombres que se refieren a títulos, dignidades y cargos. Pero si van acompañados del nombre de su titular se escribirán con minúscula. Ejemplos:

El *Papa*; el *papa* Juan Pablo II.

El *Ministro*; el *ministro* de economía.

Algunas siglas proceden de otras lenguas, principalmente del inglés. Ejemplo: *NATO - North Atlantic Treaty Organization.*

Pero se recomienda el uso de la forma que ha adoptado en castellano. Ejemplo: **OTAN -** *Organización del Tratado del Atlántico Norte.*

La postal.

12 de mayo

Apreciado Dr.:
Desde Buenos Aires le mando un cordial saludo y aprovecho para agradecerle lo mucho que nos ha ayudado. *Atentamente,*

Mª Antonia Silva.

Dr. Oliveró
Hospital Clínico
Zaragoza
España

Nombre común	Nombre propio
país	*Perú*
ciudad / capital	*Roma*
hombre	*José*
río	*el Tajo*
montaña	*el Teide*
ratón	*Mickey*
escritor	*G. García Márquez*

SIGLAS

Según el Diccionario de la Real Academia Española una **sigla** es una palabra formada por el conjunto de letras iniciales de una expresión compleja; pues las siglas deben escribirse con mayúsculas. Ejemplos:

RAE ⟶ *Real Academia Española*

BOE ⟶ *Boletín Oficial del Estado*

TIPOS DE SIGLAS

Siglas

propias	impropias
Formadas sólo con las iniciales de las palabras que constituyen el conjunto (no se tienen en cuenta nexos y artículos). Ejemplo:	Formadas con las iniciales de todas las palabras, pero también incluyendo nexos y artículos. Ejemplos:
ONG: Organización No Gubernamental	**Insalud** o **INSALUD:** *Instituto Nacional de la Salud*

ENCUENTRO REAL

Imaginaos que fuera posible reunir en una asamblea extraordinaria a varias dinastías de reyes de diferentes épocas y países, como los *A*ustrias, los *B*orbones, los *C*apeto, los *E*stuardo, etc.

A esta reunión tan peculiar e intemporal podrían asistir *A*lfonso *X* el *S*abio, *E*nrique *VIII* de *I*nglaterra, *L*uis *XV* de *F*rancia, *C*arlos *I* de *E*spaña y muchos más.

Probablemente hablarían del tiempo, de la comida, de la situación económica de sus países y también de si los deportes modernos son mejores y más saludables que los de antaño.

```
                    Mayúsculas
         ┌──────────────┴──────────────┐
  Nombres de dinastías          Números romanos

     los Habsburgo                    VIII
     los Austrias                     XII
```

Estos reyes se llamaban así. Eran sus nombres propios y seguían una tradición de repetir nombres, por eso los acompañaban con un número.

LOS APODOS

*D*aniel, el *M*ochuelo; *R*oque, el *M*oñigo; la *G*uindilla mayor; las *L*epóridas; *G*erardo, el *I*ndiano; *P*ancho, el *S*indiós; *A*ntonio, el *B*uche; *G*ermán, el *T*iñoso y algunos más son los habitantes de una pequeña aldea que está muy lejos del ajetreo de la gran ciudad y de la vida moderna. Todo este grupo variopinto de personas nos mostrará sus vidas, deseos y sueños en el pueblo. Son los protagonistas de la gran novela de *M*iguel *D*elibes, *El camino*.

*«En primavera y verano, *R*oque, el *M*oñigo, y *D*aniel, el *M*ochuelo, solían sentarse, al caer la tarde, en cualquier leve prominencia y desde allí contemplaban el paso del tren y hablaban de sus cosas.»*

→ Los apodos y sobrenombres (nombre dado en lugar del suyo propio) se escriben con mayúsculas. Ejemplos: Alfonso X, "*el S*abio" (apodo). El rey *S*abio (sobrenombre).

RELIGIONES EN MAYÚSCULA

En el mundo hay religiones monoteístas y politeístas. Las religiones monoteístas se basan en la creencia de que existe un *dios*. Las civilizaciones o grupos politeístas creen en la existencia de muchos *dioses*.

El cristianismo, el islamismo y el judaísmo son religiones monoteístas. Los primeros hablan de *D*ios, los segundos de *A*lá y los terceros de *Y*ahvé.

Estas tres religiones fundamentan su doctrina en libros. Los cristianos leen la *B*iblia; los islamistas, el *C*orán y, finalmente, los judíos leen la *T*orá.

Los nombres que se refieren a **divinidades** o **libros sagrados** se escriben con mayúscula.

SE ESCRIBE CON MAYÚSCULA...

• Se escriben con mayúscula los nombres de constelaciones, galaxias, estrellas, planetas, satélites o astros. Ejemplos:

*V*ía *L*áctea, *L*una, *M*arte, *T*ierra.

• Habitualmente las plantas, especies de animales e insectos se clasifican con un nombre latino que escribiremos en mayúscula (únicamente el primer componente, ya que suelen ser nombres compuestos). Ejemplos:

*L*epus europaeus = liebre común.

*C*arausius morosus = insecto palo.

• En libros especializados de botánica y biología podemos encontrar escritas en mayúsculas los nombres de las familias de plantas o animales. Ejemplos:

Familia ⟶ *M*alváceas, Orden ⟶ *C*onífera.

Manzanilla ⟶ *A*nthemis nobilis   Menta ⟶ *M*entha piperita   Hierbaluisa ⟶ *L*ippia triphylla

SOLAMENTE LLEVAN MAYÚSCULA LOS NOMBRES DE CELEBRACIONES

días de la semana	meses del año	estaciones del año
lunes	enero	primavera
martes	febrero	verano
miércoles	marzo	otoño
jueves	abril	invierno
viernes	mayo	**fiestas**
sábado	junio	
domingo	julio	**N**avidad
	agosto	**P**ascua
	septiembre	**D**ía de la
	octubre	**C**onstitución
	noviembre	**N**ochevieja
	diciembre	

En castellano los días de la semana, meses del año y estaciones se escriben en **minúscula**. Algunas fiestas y días señalados en **mayúscula**.

LAS ABREVIATURAS

Una **abreviatura** es la representación gráfica reducida de una palabra mediante la supresión de letras finales o centrales, y que suele cerrarse con un punto. Las abreviaturas pueden tener marca de género y número. En la actualidad es cada vez más frecuente su uso, de modo que muchas veces nos vemos obligados a consultar su significado.

LA ACADEMIA RECOMIENDA

• Es difícil dar unas reglas fijas y constantes para las abreviaturas.

• La Academia y muchos lingüistas establecen una diferencia entre las abreviaturas y los **símbolos**; según las normas las **abreviaturas** se escriben con punto y los símbolos se escriben sin punto y son invariables.

• Las **abreviaturas** son un tema que pertenece a la lengua española; los **símbolos** del sistema métrico, por ejemplo, incumben a la normativa o convención internacional; o sea, su grafía es la misma para todas las lenguas que utilicen el alfabeto latino.

• En la práctica ocurre que algunas veces una palabra tiene más de una abreviatura.

• En algunos casos excepcionales las abreviaturas van seguidas de una barra (calle ➤ c/). Si la palabra que abreviamos lleva tilde, se conservará en la abreviatura (página ➤ pág.).

Abreviaturas	Símbolos
pág. (página)	*kg* (kilogramo)
etc. (etcétera)	*min* (minuto)
pl. (plaza)	*C* (carbono)

SISTEMA MÉTRICO

Medidas de longitud	Medidas de capacidad	Medidas de peso
km (kilómetro)	*kl* (kilolitro)	*kg* (kilogramo)
hm (hectómetro)	*hl* (hectolitro)	*hg* (hectogramo)
dm (decámetro)	*dl* (decalitro)	*dg* (decagramo)
m (metro)	*l* (litro)	*g* (gramo)
dm (decímetro)	*dl* (decilitro)	*dg* (decigramo)
cm (centímetro)	*cl* (centilitro)	*cg* (centigramo)
mm (milímetro)	*ml* (mililitro)	*mg* (miligramo)

Eulalia Pemán – **Sra.** Pemán

Su alteza real Luis XIII – **S.A.R.** Luis XIII

Doctora Pérez – **Dra.** Pérez

Don José – **D.** José

Recuerda que las unidades de medición al ser símbolos convencionales aceptados en el ámbito internacional no se acabarán con punto.

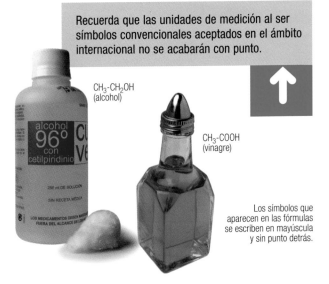

CH_3-CH_2OH (alcohol)

CH_3-COOH (vinagre)

Los símbolos que aparecen en las fórmulas se escriben en mayúscula y sin punto detrás.

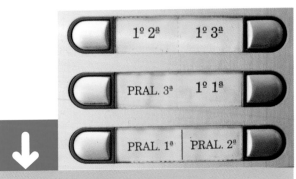

1º 2ª	1º 3ª
PRAL. 3ª	1º 1ª
PRAL. 1ª	PRAL. 2ª

A veces las abreviaturas tienen unas pequeñas letras en la parte superior. El punto se coloca antes que esta letra voladita. Ejemplo: *n.º*

ABREVIATURAS EN UN LIBRO

Al comienzo de los libros, se suele poner la relación alfabética de las abreviaturas que se han utilizado. Las abreviaturas de una sola palabra suelen formarse tomando la letra inicial (*Don* ➤ **D.**); las primeras letras (*capítulo* ➤ **cap.**), o suprimiendo las intermedias (*principal* ➤ **pral.**). Si se trata de varias palabras, suelen emplearse las iniciales de cada una (*se ruega contestación* ➤ **S.R.C.**), o se duplican las iniciales, si se refiere a nombres en plural (*Estados Unidos* ➤ **EE. UU.**).

Introducción

Signos de
puntuación

Acentuación

Las
mayúsculas

Abreviaturas

Las letras
B y V

Las letras
H, G y J

Las letras
C, Z, K y
el grupo QU

El dígrafo LL
y la letra Y

Las letras
M y N

La letra X

La letra R y el
dígrafo RR

Las letras
D, P, B y W

Casos
especiales

Los números

Apéndices

Índice
alfabético
de materias

TIPOS DE ABREVIATURAS

Abreviatura	Sigla	Acrónimo
• Suelen llevar punto al final. • Algunas se escriben en mayúscula, otras en minúscula. • Pueden llevar marca de género. • Pueden llevar marca de número. • Al leer se dice la palabra entera. Ejemplo: **Lcdo.** (licenciado).	• No se ponen puntos. • Se escriben en mayúscula. • Tienen el género de la primera palabra del grupo de ellas. • No suelen tener plural. • Al leer se pronuncian las letras o sílabas que las componen. Ejemplo: **DNI** (Documento Nacional de Identidad).	• No se ponen puntos. • Se escriben en mayúscula o minúscula. • El género lo determina la palabra que actúa de núcleo. • Pueden llevar marca de plural. • Se leen como las siglas, ya que son palabras formadas a partir de éstas. Ejemplos: **Inem** o **INEM** (Instituto Nacional de Empleo), **Sida** o **SIDA** (Síndrome de Inmunodeficiencia Adquirida).

DNI

Algunas abreviaturas provienen de cultismos latinos:

a.m. ➝ *ante merídiem* (= antes del mediodía)

p.m. ➝ *post merídiem* (= después del mediodía)

P.D. ➝ *posdata* (= lo que se añade)

R.I.P. ➝ *requiescat in pace* (= descanse en paz)

Bangkok fue la sede de la XV Conferencia Internacional sobre el **SIDA**. En ella se volvió a pedir a los países ricos que quintuplicasen las ayudas, ya que la carencia de dinero para desarrollar programas de tratamiento y prevención puede tener consecuencias "catastróficas" a muy corto plazo.

ABREVIATURAS Y ACRÓNIMOS FRECUENTES

a.	área	d.C.	después de Cristo	izq., izqda.	izquierda	S.L.	Sociedad Limitada
A.C.	año de Cristo	dcha.	derecha	Lcdo.	licenciado	S.O.	sudoeste
a.C.	antes de Cristo	doc.	documento	N.	norte	Sr., Sra.	señor, señora
adj.	adjetivo	Dr., Dra.	doctor, doctora	Nª. Sª.	Nuestra Señora	Sres., Srs.	señores
adv.	adverbio	dto.	descuento	N.E.	nordeste	Srta.	señorita
art., artº.	artículo	dupdo.	duplicado	n.º, núm.	número	S.S.	Su Santidad
aux.	auxiliar	d/v.	días vista	N.O.	noroeste	Sto., Sta.	santo, santa
cap., capº.	capítulo	E.	este, punto cardinal	O.	oeste	U., Ud.	usted
c.c.	centímetro(s) cúbico(s)	ed.	edición	p., pág., págs.	página(s)	Uds.	ustedes
		etc.	etcétera	p.ej.	por ejemplo	v.	véase; verso
c/c., cta. cte.	cuenta corriente	Excmo., Excma.	excelentísimo, excelentísima	pral.	principal	vol., vols.	volumen, volúmenes
Cía., cía.	compañía			prov.	provincia	Vda.	viuda
D.	don	Ilmo., Ilma.	ilustrísimo, ilustrísima	S.A.	Sociedad Anónima		
Dª.	doña						

ORTOGRAFÍA DE LA LETRA *B*

La letra *b* –segunda letra del alfabeto o abecedario– y la *v* –una de las últimas– no se distinguen en su pronunciación. Así pues, oiremos igual la *b* de *b*ailar que la *v* de *v*olar, sin embargo, son letras distintas. Algunas reglas nos pueden ayudar a resolver muchas dudas sobre su utilización.

La *b* de *b*arco o *b*anderines no se puede distinguir de la *v* de *v*iento o *v*elas.

La palabra *alfabeto* procede de las dos primeras letras, *alfa* y *beta*, del alfabeto griego. La palabra *abecedario* procede de las cuatro primeras letras del alfabeto latino: *a, b, c, d.*

¿CON *B* O CON *V*?

• Se escriben con *b* las formas de los verbos que terminan en -**bir**, excepto *servir*, *hervir* y *vivir*. Ejemplos:

   subir, recibir, prohibir.

• Se escriben con *b* las formas de los verbos que terminan en -**buir**. Ejemplos:

   atribuir, distribuir, contribuir.

• Se escriben con *b* las formas verbales de los verbos deber, beber, haber, saber y caber. Ejemplos:

   deben, beberéis, habíamos, sabrán, cabes...

• Se escriben con *b* las formas verbales de la primera conjugación correspondiente al pretérito imperfecto del indicativo: -*aba*, -*abas*, -*ábamos*, -*abais*, -*aban* y el pretérito imperfecto de indicativo del verbo **ir**. Ejemplos:

   saltaba, saltabas, saltaba, saltábamos, saltabais, saltaban.

EJEMPLOS DE TERMINACIONES DE VERBOS

	Singular			Plural		
	1ª	2ª	3ª	1ª	2ª	3ª
Cantar	-aba	-abas	-aba	-ábamos	-abais	aban
Regar	-aba	-abas	-aba	-ábamos	-abais	-aban
Bailar	-aba	-abas	-aba	-ábamos	-abais	-aban
Esperar	-aba	-abas	-aba	-ábamos	-abais	-aban

EL VERBO *IR*. PRETÉRITO IMPERFECTO

| El verbo *ir* es un verbo irregular de la tercera conjugación. | iba | iba | ibais |
| | ibas | íbamos | iban |

brazo

blusa

buscar

subir

prohibir

burro

EJEMPLOS DE *B* Y *V*

• *Caminó* **ab***sorto y un tanto medita***bundo***.*

• *Al llegar a casa fue a la cocina,* **ab***rió un grifo y se* **be***bió un* **v***aso de agua.*

• *Fue entonces cuando oyó la* **vib***ra*ción, se quedó inmóvil y **bus***có con la mirada.*

• *Las* **burbu***jas de estas aguas termales son muy agrada***bles***.*

*El auto***bús** *i***ba** *por el* **bos***que a***brién***dose paso en la oscuridad.*

El verbo *ir* es una excepción (es de la tercera conjugación) y lleva *b* en el pretérito imperfecto de indicativo.

Introducción

Signos de
puntuación

Acentuación

Las
mayúsculas

Abreviaturas

**Las letras
B y V**

Las letras
H, G y J

Las letras
C, Z, K y
el grupo QU

El dígrafo LL
y la letra Y

Las letras
M y N

La letra X

La letra R y el
dígrafo RR

Las letras
D, P, B y W

Casos
especiales

Los números

Apéndices

Índice
alfabético
de materias

SE ESCRIBEN CON *B*

• Se escriben con *b* todas las palabras que empiezan por **bu-**, **bur-** y **bus-**. Ejemplos:

*bu*rro, *b*ur*b*uja, *bus*car.

• Se escriben con *b* todas las palabras que empiezan por las sílabas **ab-**, **ob-** y **sub-**. Ejemplos:

*ab*sorber, *ob*servar, *sub*terráneo.

• Detrás de *m* se escribe siempre una *b*. Ejemplos:

a*mb*ición, a*mb*ulatorio, a*mb*ulante.

• Se escriben con *b* las palabras que terminan en **-bundo** y **-bunda**. Ejemplos:

nausea**bundo**, vaga**bundo**.

• Se escribe *b* siempre que este sonido aparezca delante de **l**, **r**: **bla**, **ble**, **bli**, **blo**, **blu**; **bra**, **bre**, **bri**, **bro**, **bru**. Ejemplos:

*br*uto, *br*azo, *bl*indar, *br*onca.

• El sufijo -**bilidad** se escribe con *b* y hay muchos nombres que se escriben así. Ejemplos:

ama**bilidad**, permea**bilidad**.

Excepciones:

ci*v*ilidad, mo*v*ilidad.

RECUERDA

Las palabras que verás a continuación se escriben con *b*, pero no siguen ninguna regla:

*b*astante, arri*b*a, ár*b*ol, autobús, *b*alón, lo*b*o

Populus autem sa*p*ere de*b*e*b*at...

En muchos casos la *b* castellana procede de una *b* o de una *p* latina que se hallaba entre vocales y se fue suavizando hasta convertirse en b.

SAPERE > *sa*ber   CAPITIA > *cabeza*

HISTORIAS DEL BOSQUE

El malestar en el *bosque iba* en aumento. Los animales cuyo *nombre* contenía una v *criticaban* a aquéllos que lucían una b en el suyo. «Son unos engreídos» –decían los v–. «Se creen más importantes porque su letra es más alta, pero la pronunciación es la misma».

Por otra parte, los b se *pavoneaban* y decían de sus compañeros que eran unos *envidiosos*. Llegó a tal grado la excitación de *ambos* grupos, que decidieron *celebrar* un congreso para solucionar los *problemas* de *convivencia*.

Allí acudieron los *venceros*, las *avispas*, las *vicuñas*, las *vacas*, las *avestruces*, las *ovejas*, las *avutardas*, los *pavos*, los *ciervos*... cuantos más mejor, *salvajes* y domésticos.

Por su parte, las *liebres* se encargaron de correr la *voz* y reunieron a los *buitres*, los *bisontes*, los *bueyes*, los *lobos*, las *abubillas*, las *abejas*, los *abejorros*, los *cebús*, los *colibrís*, los *caballos*...

*V*acas, *a*vestruces, o*v*ejas, cier*v*os, pa*v*os, lie*b*res, *b*uitres, *b*isontes, *b*ueyes, lo*b*os, a*b*ubillas, ce*b*ús, ca*b*allos.

Unos y otros llegaron muy tensos; un *debate* en aquellas circunstancias no podía *acabar bien*. Después de mucho discutir, los v empezaron a encontrarse mal y a estornudar; su malestar fue contagiándose a todos. *También* los b comenzaron a sentir molestias y un extraño cansancio.

Se miraron todos sin comprender, hasta que en un rincón oyeron discutir a los *bacilos* y a los *virus*.

Ahí se *acabó* todo, con b o con v, ellos querían encontrarse *bien*, y arremetieron contra *bacilos* y *virus* que huyeron perseguidos tanto por las *v* como por las *b*.

EL VERBO *SABER*

El verbo *saber* es un verbo de la segunda conjugación. Es irregular en el pretérito indefinido del indicativo y, en el presente, el pretérito imperfecto y el futuro imperfecto, del subjuntivo. En el resto de tiempos mantiene la *b*.

El verbo *caber* se conjuga como el verbo *saber*.

«Pero el pueblo debe saber...». Muchas palabras castellanas proceden del latín.

Indicativo		Subjuntivo	
Presente		**Presente**	
sé	sabemos	sepa	sepamos
sabes	sabéis	sepas	sepáis
sabe	saben	sepa	sepan
Pretérito Imperfecto		**Pretérito Imperfecto**	
sabía	sabíamos	supiera	supiese
sabías	sabíais	supieras	supieses
sabía	sabían	supiera	supiese
		supiéramos	supiésemos
		supierais	supieseis
		supieran	supiesen
Condicional Simple		**Pretérito Indefinido**	
sabría	sabríamos	supe	supimos
sabrías	sabríais	supiste	supisteis
sabría	sabrían	supe	supieron
Futuro Simple		**Futuro**	
sabré	sabremos	supiere	supiéremos
sabrás	sabréis	supieres	supiereis
sabrá	sabrán	supiere	supieren
Imperativo			
sabe (tú)			
sepa (él, ella, ustedes)			
sepáis (vosotros)			
sepan (ellos, ellas, ustedes)			

UN POCO DE GRAMÁTICA

Sustantivo	Adjetivo
posi**b**ilidad	posi**b**le
a**b**undancia	a**b**undante
bulimia	**b**ulímico
belleza	**b**ello
brevedad	**b**reve
ama**b**ilidad	ama**b**le

RECUERDA

Se escriben con **b**, pero no siguen ninguna regla:

bonito, **b**anco, **b**ueno, **b**arro, sil**b**ido, **b**otiquín, **b**esar, **b**ase, **b**arato, co**b**arde

barro

SE ESCRIBEN CON *B*, PERO TIENEN SUS EXCEPCIONES

- Las palabras que empiezan con **abu-** se escriben con *b*. Ejemplos:

    abuelo, **abu**billa, **abu**chear.

    Excepción:

    avutarda.

- Las palabras que empiezan por **al-** seguidas del sonido b. Ejemplos:

    alba, **alb**aricoque, **alb**erca.

    Excepción:

    alveolo, **Álv**aro.

avutarda

alv**é**olo

FAMILIAS LÉXICAS

Bueno	Brillo	Brazo	Bien	Barco
bondad	**b**rillar	a**b**razar	**b**ienestar	**b**arca
bondadoso	a**b**rillantar	**b**razada	**b**enévolo	**b**arcazo
bonanza	a**b**rillantador	**b**raza	**b**enigno	em**b**arcación
bonachón	**b**rillantina	**b**razalete	**b**eneficio	em**b**arcadero
	brillante	a**b**razadera	**b**enevolente	em**b**arque
		bracear	para**b**ién	desem**b**arcar
		ante**b**razo		

Si no sabemos cómo se escribe una palabra, podemos acudir a alguna que conozcamos y que sea de su misma familia léxica. Nos ayudará. Ejemplo: *sorber, sorbete.*

BIO = VIDA

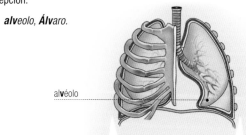

bio**log**ía   micro**bio**logía

biólogo   macro**bió**tico

biopsia   **bio**degradable

bio

La mayoría de palabras científicas provienen directamente del griego o del latín. Se llaman cultismos. Ejemplos: *microbiología*; *micro* = pequeño, *bio* = vida, *logos* = tratado o estudio. Provienen del griego.

SE ESCRIBEN CON *B*...

- Las palabras que contienen el prefijo o sufijo **bio** (vida). Ejemplos:

    biología, micro**bio**, **bio**sfera.

- Las palabras que comienzan por el prefijo **bis-** (dos) y sus variantes **biz-**, **bi-**. Ejemplos:

    bicicleta, **bis**abuelo, **biz**nieto.

- Las palabras que comienzan por los prefijos **bien-**, **bene-** y **bue-**. Ejemplos:

    bienestar, **bien**hechor, **bene**volo, **bene**factor, **bue**no.

PALABRAS QUE LLEVAN *B* AL INICIO

bache	*barrabasada*	*birlar*	*bordillo*
¡bah!	*barrer*	*bisagra*	*boxeo*
bahía	*barrio*	*bisbisear*	*bravo*
balanceo	*bártulos*	*bisonte*	*bravucón*
balaustrada	*basura*	*bisturí*	*broma*
balbuceo	*basura*	*bobada*	*bronca*
balcón	*bazofia*	*bocana*	*bronceado*
baldosa	*beber*	*bazofia*	*buhardilla*
balsa	*beduino*	*bohemio*	*búnker*
bamba	*bélico*	*bomba*	*burla*
baratija	*bello*	*bombilla*	*buscador*
barrera	*beneficio*	*bonsái*	*butaca*
barahúnda	*benévolo*	*boñiga*	*buzón*
barniz	*bicicleta*	*boquete*	

PALABRAS QUE LLEVAN *B* EN MEDIO

abalanzarse	*aburrir*	*cabalgar*	*júbilo*
abastecer	*albergar*	*cabaña*	*lobo*
abeja	*albornoz*	*cobarde*	*mobiliario*
abertura	*bisabuelo*	*cubeta*	*nobleza*
abismo	*bombilla*	*desbarajuste*	*obligar*
abollar	*chabola*	*esbozar*	*publicar*
absorber	*cobertizo*	*gobierno*	*roble*

nubes, nubes, nubes...

Nubes, niebla, neblina, nubarrón, nebulosa, nublado, pertenecen a la misma familia léxica.

TAMBIÉN SE ESCRIBEN CON *B*...

- *Esbozó una sonrisa y desapareció inmediatamente.*
- *Cuando llegaron a la cabaña ya no quedaba ni rastro de la reunión.*
- *Una simple bombilla se balanceaba iluminando el pobre cobertizo.*
- *El abuelo los reunía alrededor de su butaca y los aburría con las mismas historias de siempre. Luego se quedaba absorto mirando al vacío.*

botella

BUSCA LA RELACIÓN PRACTICANDO LA *B*

buzón	abeja	abuelo
bosque	cobertizo	boca
bellota	autobús	lobo
billete	bebida	zumbido
botella	bombero	cabaña
bastón	bomba	hambre

autobús

lobos

bombero

abuelo

cabaña

buzón

abeja

bellota

ORTOGRAFÍA DE LA LETRA *V*

Antiguamente, en la Edad Media en latín vulgar (el latín que se habló en la Península y del que procede el castellano se llamó así), la **b** entre vocales se confundía con la **v** entre vocales. Se pronunciaban igual, sin embargo se distinguían las que estaban a comienzos de palabra (no se pronunciaba igual **b**ueno que **v**ivir). Actualmente es imposible diferenciar por la pronunciación el adjetivo **b**ello (hermoso, bonito) del sustantivo **v**ello (pelo suave que hay en la superficie de la piel). Solamente conocemos el significado a través del contexto.

omní**voro**

El cerdo es un animal *omní**v**oro*.

En general la *v* castellana procede de la *v* latina:

VIVERE > **v**ivir

OV**IS** > o**v**eja

CERV**US** > cier**v**o

No se deben confundir *prever* = ver, planificar algo con anticipación, y *proveer* = acumular todo lo necesario para un cierto tiempo. Ejemplos:

Previó exactamente lo que pasaría.

Proveyó su despensa de todo lo necesario para un mes.

Cantando bajo la lluvia — **v**acío (bancos) — **v**iento — **v**endaval — tran**v**ía — **v**olcada (papelera) — **v**igilante (guardia)

La **v** de **v**iento no puede distinguirse fonéticamente de la **b** de **b**otella.

RECUERDA

Estas palabras se escriben con *v*, pero no se atienen a ninguna regla:

lavar	*ventana*	*volver*
cueva	*vela*	*velocidad*
verde	*divertido*	*mover*
vestir	*llevar*	*convertir*

FAMILIAS LÉXICAS

Ver	Verter	Vivir	Volar
visual	*pervertir*	*vivo*	*vuelo*
videoteca	*convertir*	*vida*	*volador*
prever	*vertedero*	*vitalidad*	*voladizo*
vista	*vertiente*	*vitalicio*	*revolotear*
vistoso	*extrovertido*	*revivir*	*sobrevolar*
vistazo	*introvertido*	*perdonavidas*	*volante*
visible	*invertir*	*vivaz*	*voladura*

REGLAS ÚTILES CON LA *V*

- Se escriben con *v* todas las palabras que comienzan por **vice** = en vez de, inmediatamente inferior a. Ejemplos:

  vicepresidente, **vice**director.

- El sufijo -**voro** significa comer y se escribe con *v*. Ejemplos:

  *carní**voro**, herbí**voro**, piscí**voro**, insectí**voro**, omní**voro**.*

- Puede aparecer también como raíz de la palabra. Ejemplos:

  *de**vor**ar, **vor**acidad.*

- Después de *n* se escribe siempre *v*. Ejemplos:

  *en**v**ase, in**v**ento, en**v**olver, in**v**adir.*

SE ESCRIBEN CON *V*

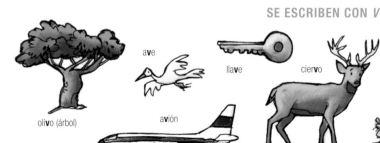

olivo (árbol) — ave — avión — llave — ciervo — pavorreal

avestruz

ventana

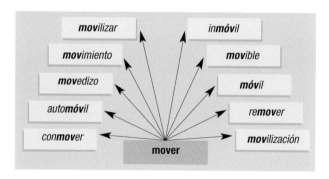

excavar   excavadora   excavación

La raíz -**cav**- a la que se le añaden prefijos o sufijos da lugar a palabras distintas, pero de la misma familia léxica.

REGLAS ÚTILES CON LA *V*

- Se escriben con *v* las palabras que comienzan por *eva-, eve-, evi-, evo-*. Ejemplos:

  e**v**asión, e**v**ento, e**v**itar, e**v**olución.

- Se escriben con *v* los nombres y determinativos acabados en *-ave, -avo(a), -eve, -evo, -ivo(a)*. Ejemplos:

  gra**v**e, doce**av**o, le**v**e, hue**v**o, definiti**v**o.

- Los pretéritos indefinidos que acaban en *-uve, -uviste, -uvo, -uvimos, -uvisteis, -uvieron*.

  Excepción: Formas del pretérito indefinido del verbo **haber**: hube, hubiste, hubo, hubimos, hubisteis, hubieron.

movilizar   inmóvil
movimiento   movible
movedizo   móvil
automóvil   remover
conmover   movilización
mover

DIFERENTES ACEPCIONES PARA UNA MISMA PALABRA

móvil   móvil

Todos los derivados de una misma familia léxica se escriben como la raíz de la que proceden.

TRES SIGNIFICADOS DE VELA

vela   *vela*   *vela*

La palabra es la misma, pero los significados muy distintos. Es una palabra polisémica.

RECUERDA

Estas palabras se escriben siempre con *v*, pero no siguen ninguna regla:

lar**v**a	llo**v**er	ser**v**illeta
violín	**v**uelta	le**v**antar

EJEMPLOS CON *V*

- Saltó con un rápido mo**v**imiento la **v**alla y huyó de allí.

- Llo**v**ió durante todo el camino de **v**uelta.

- No pudo e**v**itar un le**v**e ruido al le**v**antar la persiana.

- **V**olvió a lavarse las manos y limpió todo con cuidado para prevenir cualquier contagio.

EL VERBO *MOVER* LLEVA *V* EN TODAS SUS FORMAS Y DERIVADOS

Indicativo		Subjuntivo	
Presente		**Presente**	
muevo	movemos	mueva	movamos
mueves	movéis	muevas	mováis
mueve	mueven	mueva	muevan
Pretérito Imperfecto		**Pretérito Imperfecto**	
movía	movíamos	moviera	moviese
movías	movíais	movieras	movieses
movía	movían	moviera	moviese
		moviéramos	moviésemos
		movierais	movieseis
		movieran	moviesen
Pretérito Indefinido		**Futuro**	
moví	movimos	moviere	moviéremos
moviste	movisteis	movieres	moviereis
movió	movieron	moviere	movieren
Futuro Imperfecto		**Imperativo**	
moveré	moveremos	**Presente**	
moverás	moveréis	mueve (tú)	
moverá	moverán	mueva (él, ella, usted)	
Condicional Simple		moved (vosotros)	
movería	moveríamos	muevan (ellos, ellas, ustedes)	
moverías	moveríais		
movería	moverían		

Introducción

Signos de puntuación

Puntuación

Las mayúsculas

Abreviaturas

Las letras B y V

Las letras H, G y J

Las letras C, Z, K y el grupo QU

El dígrafo LL y la letra Y

Las letras M y N

La letra X

La letra R y el dígrafo RR

Las letras D, P, B y W

Casos especiales

Los números

Apéndices

Índice alfabético de materias

Sustantivo	Adjetivo	Verbo
vendedor	vendible	vender
previsión	previsible	prevenir
provisión	provisto	proveer
vencedor	vencido	vencer
movilidad	móvil	movible

PALABRAS QUE LLEVAN *V* AL INICIO

vacaciones	vampiro	vegetación	vicuña
vacilar	vandalismo	velero	viga
vado	vanidoso	vendar	vigilar
vagabundo	vapor	vendimia	viruta
vaho	vara	verbena	viscoso
vaivén	variar	vetusto	víveres
valla	varilla	víbora	volátil
válvula	vasija	vibrar	vudú

aves

↓

La palabra latina *avis* (= ave) dio lugar a *avión* y *velum* (= vela) originó *velero*.

avión

PALABRAS QUE LLEVAN *V* EN MEDIO

avanzar	convencer	desvío	lluvia
avena	converger	divertir	novela
avería	conversar	envase	resolver
avícola	convidar	envidia	salvaje
avispa	desovar	envolver	supervisar
cavar	despectivo	equivocar	rival
cavilar	desván	esquivar	reventar
clavo	desviar	extraviar	revuelo
clavícula	detective	inclusive	suavidad
clavija	desvergüenza	inmóvil	travieso

lluvia

llaves

vehículo

ciervo

volcán

víbora

herbívoro

cueva

La palabra *automóvil* procede del prefijo **auto-** (= por sí mismo), y la raíz **mov** (= mover). Así se denominó un transporte que no necesitaba tracción animal, se movía por sí mismo.

↑

Sucesión de la **b** y la **v**. Ro**b**inson hace prue**b**as con unos granos de ce**b**ada que germinan. **V**uelve a su ca**b**aña y ve que la **v**alla empieza a echar **b**rotes que serán nue**v**os ar**b**olillos.

«*Busqué* un pedazo de tierra húmeda para hacer una *prueba*. Mientras esta *cebada* crecía, hice un pequeño *descubrimiento* que más adelante me *sirvió*. Tan pronto como terminaron las *lluvias*, el tiempo empezó a *estabilizarse*, lo cual fue hacia el mes de *noviembre*, *subí* hasta mi *cabaña* y lo encontré todo tal como lo *había* dejado. La *doble valla* que *había* hecho seguía firme y entera, y, además, algunas estacas *habían* echado *brotes* y *empezaban* a crecer como *arbolillos*.»

Las aventuras de Robinson Crusoe
Daniel Defoe

¿*BOTA* O *VOTA*?

Si alguien dice la palabra *bota – vota* sin que haya un contexto que explique su significado, será imposible distinguir si se está refiriendo a un tipo de calzado o a la acción de emitir opinión democráticamente. Estas palabras que se pronuncian igual, pero que se escriben de modo distinto y tienen significados diferentes, son las **palabras homófonas**.

PALABRAS HOMÓFONAS
B - V

bota / bota / vota

Bota: tipo de calzado. Ejemplo: *Esta bota es más cómoda que la otra.*

Bota: da botes, salta. Ejemplo: *En el cemento pulido la pelota bota mejor que en la hierba.*

Vota: da su opinión mediante una papeleta. Ejemplo: *Cuando llegan las elecciones, vota todo el mundo.*

baca / vaca

Baca: portaequipajes del coche. Ejemplo: *Llevamos tanto equipaje que hemos tenido que instalar la baca en el coche.*

Vaca: animal. Ejemplo: *La leche de vaca es muy nutritiva.*

bacilo / vacilo

Bacilo: bacteria. Ejemplo: *Las vacunas inmunizan contra los bacilos.*

Vacilo: del verbo vacilar, dudar. Ejemplo: *A veces, vacilo un poco antes de responder.*

barón / varón

Barón: título de nobleza. Ejemplo: *El señor barón no vendrá a la recepción.*

Varón: persona de sexo masculino. Ejemplo: *El segundo hijo fue varón.*

basto / vasto

Basto: tosco, vulgar. Ejemplo: *No sabe comportarse en público; es muy basto.*

Vasto: superficie muy extensa. Ejemplo: *Una vasta llanura se extendía ante sus ojos.*

vaya / baya

Vaya: verbo ir. Ejemplo: *¿Será necesario que vaya también yo?*

Baya: una clase de fruto. Ejemplo: *No comas aquellas bayas porque son muy ácidas.*

PALABRAS HOMÓFONAS
B - V

grabar / gravar

Grabar: señalar con una incisión. Ejemplo: *Grabaron sus iniciales en la corteza de un árbol.*

Gravar: imponer un impuesto, una carga. Ejemplo: *Han gravado estas mercancías con un diez por ciento.*

rebelarse / revelar

Rebelarse: oponerse fuertemente, sublevarse. Ejemplo: *El pueblo se rebeló contra el gobierno.*

Revelar: descubrir, quitar el velo a algo. Ejemplo: *Ya hemos revelado el carrete de fotos.*

Revelar: explicar un secreto, algo que estaba oculto a la gente. Ejemplo: *Le revelé que tenía una familia en Europa.*

tubo / tuvo

Tubo: pieza hueca y cilíndrica. Ejemplo: *Habrá que colocar un tubo de desagüe hasta la calle.*

Tuvo: del verbo tener. Ejemplo: *Tuvo remordimientos durante todo el día.*

Revelar y *rebelarse* no pueden confundirse porque a *rebelarse* se le añade el pronombre *se* al final de palabra, es verbo pronominal. Ejemplo: **Me** *rebelé enérgicamente.*

PALABRAS HOMÓFONAS
B - V

bello / vello

Bello: hermoso. Ejemplo: *Su bello rostro destacaba entre los demás.*

Vello: pelo suave del cuerpo humano. Ejemplo: *Cuando vio al león se le erizó todo el vello del cuerpo.*

bienes / vienes

Bienes: posesiones, riquezas. Ejemplo: *Dejó todos sus bienes a una ONG.*

Vienes: del verbo venir. Ejemplo: *Si vienes pronto, saldremos a dar una vuelta.*

cabo / cabo / cavo

Cabo: punta de tierra que se adentra en el mar. Ejemplo: *En el extremo del cabo se alza el faro.*

Cabo: categoría militar. Ejemplo: *Era cabo del ejército del aire.*

Cavo: verbo cavar. Ejemplo: *Cada día cavo un trocito de huerto.*

hierba / hierva

Hierba: planta fina que cubre el suelo en los lugares en que llueve bastante. Ejemplo: *Tengo que regar la hierba del jardín.*

Hierva: verbo hervir. Ejemplo: *Es aconsejable que la verdura hierva poco rato.*

sabia / savia

Sabia: Ejemplo: *En aquel pueblo la persona más anciana es también la más sabia.*

Savia: Ejemplo: *Gracias a la savia, las plantas viven.*

haber / a ver

Haber: infinitivo del verbo. Ejemplo: *Va a haber que cambiarlo todo.*

A ver: preposición más verbo. Ejemplo: *Fueron a ver la puesta de sol.*

PALABRAS PARÓNIMAS *B - V*

Hay una serie de palabras que no suenan igual –como sería el caso de las homófonas–, pero se escriben y pronuncian de modo parecido; se trata de las **parónimas**. Sus significados son muy distintos y es conveniente retener estas palabras para no cometer errores importantes.

La palabra *absorber* puede utilizarse en sentido figurado. Ejemplo: *Es una persona muy absorbente* (en el sentido de atraer la atención o el trabajo de los demás).

El juez absolvió al acusado.

Las toallas absorben bien el agua.

La diferencia de significados es evidente.

Debemos estar vigilantes ante la lluvia de **b** y **v** para poder utilizarlas correctamente.

PARÓNIMAS *B–V*

absolver / absorber

> *Absolver*: perdonar o declarar libre de culpas.
> *Absorber*: aspirar, chupar, atraer, captar.

convidar / combinar

> *Convidar*: invitar a alguien.
> *Combinar*: organizar armónicamente.

hibernar / invernar

> *Hibernar:* pasar un animal el invierno como si estuviese dormido.
> *Invernar*: pasar el invierno en un lugar.

libido / lívido

> *Libido*: deseo sexual de una persona.
> *Lívido*: muy pálido.

Rafa convida a sus amigos.

Paula tiene mucha gracia combinando colores.

La palabra *hibernación* procede directamente del latín *hibernus* = invierno. En el mundo científico se suele acudir a palabras latinas o griegas para nombrar situaciones nuevas para las que no existe palabra. Estas palabras reciben el nombre de **cultismos**.

La palabra *invierno* procede también del latín *hibernus*, pero ha ido evolucionando con el uso.

HIBERNUS ⟶ HIVERNU ⟶ invierno

La libido es un deseo natural entre las personas.

Su rostro lívido reflejaba espanto.

*Nuestra vecina del cuarto, Rita, trabaja de pitonisa. Es una auténtica experta en adivinar el **porvenir** con su bola de cristal.*

PALABRAS DE ESCRITURA DUDOSA

a**b**ulto / a **b**ulto

> A**b**ulto: del verbo abultar, ocupar un espacio generalmente grande. Ejemplo: *Cada vez a**b**ulto más.*
> A **b**ulto: aproximadamente. Ejemplo: *Cobró las manzanas a **b**ulto.*

por**v**enir / por **v**enir

> Por**v**enir: futuro. Ejemplo: *El por**v**enir dirá a qué me dedicaré.*
> Por **v**enir: a punto de llegar. Ejemplo: *El próximo tren está por **v**enir.*

sinsa**b**or / sin sa**b**or

> Sinsa**b**or: melancolía, decepción. Ejemplo: *Los sinsa**b**ores de los últimos días me han dejado triste.*
> Sin sa**b**or: insípido; sin el sentido del gusto. Ejemplo: *El constipado me ha dejado sin sa**b**or.*

sin**v**ergüenza / sin **v**ergüenza

> Sin**v**ergüenza: descarado. Ejemplo: *Un sin**v**ergüenza estropeó el jardín.*
> Sin **v**ergüenza: de forma distendida. Ejemplo: *Habla sin **v**ergüenza porque somos amigos.*

*Vive de pequeños robos; es un sin**v**ergüenza.*   *Expuso su tema sin **v**ergüenza.*

PALABRAS DE DOBLE ORTOGRAFÍA

endi**b**ia / endi**v**ia

- **b**oceras / **v**oceras
- cha**b**ola / cha**v**ola
- endi**b**ia / endi**v**ia
- ser**b**io(a) / ser**v**io(a)

El diccionario de la Real Academia Española admite las dos posibilidades de escritura de estas palabras.

VOCABULARIO ORTOGRÁFICO

Hay una serie de palabras de vocabulario básico muchas de las cuales no siguen ninguna regla, pero que es preciso recordar. Todas son de uso frecuente.

VOCABULARIO BÁSICO DE PALABRAS CON *B* Y *V*

abreviar	bribón	observar
absorber	breve	revolver
avivar	burbuja	revólver
bambú	convivencia	soberbio
bárbaro	devolver	subjuntivo
beber	inmovible	suburbio
bóveda	invencible	vendaval
bombilla	lavabo	vengativo
bravo	objetivo	víbora

bár**b**aro

ví**b**ora

¿JUNTAS O SEPARADAS?

Un truco para saber si estas palabras se escriben juntas o separadas cuando estés en un dictado es fijarte si delante lleva o se le puede colocar un determinante (el/la/los/las/un/una/unos/unas). En caso de ser así, se escribirán juntas. Ejemplo:

*Pedro es claramente **un** sinvergüenza.*

ORTOGRAFÍA DE LA LETRA *H*

La letra *h* existe por escrito, pero no se oye, no tiene sonido en castellano, característica que supone una dificultad para su correcta utilización. Puede encontrarse tanto al comienzo de palabra (*hoja*), como en el interior de ella (*alhaja*) o, en unos pocos casos, a final de palabra (*¡ah!*). Debemos fijarnos mucho en cómo se escriben las palabras y usar correctamente esta letra porque su mala utilización es motivo de errores ortográficos muy llamativos. Algunas orientaciones y reglas nos ayudarán a su correcto uso.

REGLAS ÚTILES CON LA LETRA *H*

• Se escriben con *h* inicial las palabras que comienzan por los diptongos **hia-**, **hie-**, **hue**, **hui-**. Ejemplos:

*hia*to, *hie*lo, *hue*lla, *hui*da.

• En general, cuando una palabra comienza por *h*, todas las de su familia la mantienen. Ejemplos:

*hum*ano, *deshum*anizar, *hum*anidad, *hum*anoide.

• Se escriben con *h* las palabras que comienzan por la sílaba **hum-** más una vocal. Ejemplos:

*hum*o, *hum*or, *hum*ilde.

Los cubitos de **h**ielo ayudan a refrescar nuestras bebidas en verano.

FAMILIAS LÉXICAS

Habla	Hecho	Herencia	Hierro
hablar	hacer	heredero	herradura
hablador	deshacer	heredar	herraje
malhablado	malhechor	desheredar	herrar
habladuría	bienhechor	hereditario	herramienta
hablante	hechura	heredanza	herrero
hablista	contrahecho	heredad	herrería
hablanchín	hacendoso	heredable	herrumbre
hablantina	hacienda	heredamiento	herrumbroso

Las espinacas son un alimento muy recomendable ya que contienen gran cantidad de **h**ierro.

En el castellano antiguo, y actualmente en algunas zonas hispanohablantes, la *h* se aspira ligeramente como una *j* muy suave.

hojas
hacha
hatillo
haz de leña
zanahorias
hombros
hoguera
humo
hayedo
huesos
hierba

La *h* nos puede traer disgustos, si no sabemos dónde colocarla.

Introducción

Signos de
puntuación

Acentuación

Las
mayúsculas

Abreviaturas

Las letras
B y V

**Las letras
H, G y J**

Las letras
C, Z, K y
el grupo QU

El dígrafo LL
y la letra Y

Las letras
M y N

La letra X

La letra R y el
dígrafo RR

Las letras
D, P, B y W

Casos
especiales

Los números

Apéndices

Índice
alfabético
de materias

EJEMPLOS CON LA LETRA *H*

HUM-

humillar	**hum**o	**hum**edecer
humilde	**hum**ano	**hum**orista
humor	**hum**us	**hum**anista

*La **h**umedad alimenta a los musgos que crecen sobre las piedras de los ríos y las convierte en sumamente resbaladizas.*

HIE-

hiedra	**hie**rático	**hie**l	**hie**rba
hielo	**hie**rro	**hie**na	**hie**rbal

*El **h**ieratismo de las figuras es uno de los rasgos de la pintura románica.*

HUE-

hueco	**hue**so	**hue**lga
huésped	**hue**lla	**hue**ste
huérfano	**hue**vo	**hue**rto

*Las **h**uellas dactilares **h**alladas en el lugar del crimen fueron muy útiles para resolver el caso.*

LA TIERNA HISTORIA DE LA *H*

La **h** estaba triste. Todos la ignoraban, nadie la pronunciaba, no se acordaban de ella y muchos niños llegaban a olvidarse de escribirla en las palabras correspondientes. «¡Qué más da!» –decían– «¡No se oye!». Y la vocecita de la **h**, aunque protestaba a pleno pulmón, era ignorada por todos...

Llegó un día en que la **h** se quedó muy triste en la cama: «Nadie se va a dar cuenta», pensó, y se recostó entre *almo**h**adas* y *almo**h**adones* y, mientras comía un *h**elado*, se dispuso a leer un libro muy interesante en el que había visto muchas palabras con **h**. Se llamaba *Los h**éroes del **h**ielo*.

Pronto entró en un mundo *h**elado* de icebergs, *h**ielos* eternos, *h**adas* y *h**echizos...* y allí se sintió feliz; el frío *h**ielo* proporcionaba tanta elegancia a las **h** que estuvo contenta de ser una de ellas, y leyendo, leyendo, quedó profundamente dormida.

A la mañana siguiente, la **h** estaba alegre, caminaba erguida y contenta: «¡Existía, aunque no la pronunciaran!», y los niños aprendieron que era importante porque estaba en muchas palabras bonitas. Pensó en su libro cuidadosamente guardado. Cuando llegara la noche, leería un ratito. Y así haría cada noche, para sentirse mejor.

*En el país de los **h**ielos, la **h** se sentía mejor.*

EL VERBO OLER

Debemos prestar mucha atención al verbo *oler*: En general no lleva **h**, excepto las formas que empiezan con el diptongo **hue**.

Hay algunas palabras que proceden de términos extranjeros y que mantienen el sonido suave aspirado. Ejemplos: *hámster, hall*.

*Los narcisos **hue**len de lejos.*

Indicativo		Subjuntivo	
Presente		**Presente**	
huelo	olemos	**h**uela	olamos
hueles	oléis	**h**uelas	oláis
huele	**h**uelen	**h**uela	**h**uelan
Pretérito Imperfecto		**Pretérito Imperfecto**	
olía	olíamos	oliera	oliese
olías	olíais	olieras	olieses
olía	olían	oliera	oliese
		oliéramos	oliésemos
		olierais	olieseis
		olieran	oliesen
Pretérito Indefinido		**Futuro**	
olí	olimos	oliere	oliéremos
oliste	olisteis	olieres	oliereis
olió	olieron	oliere	olieren
Futuro Imperfecto		**Imperativo**	
oleré	oleremos	**Presente**	
olerás	oleréis		
olerá	olerán	**h**uele (tú)	
		huela (él, ella, usted)	
Condicional Simple			
olería	oleríamos	oled (vosotros)	
olerías	oleríais	**h**uelan (ellos, ellas, ustedes)	
olería	olerían		

ORIGEN DE LA *H*

La *h* de las palabras castellanas tiene diversos orígenes:

- Muchas veces procede de una *h* latina que se ha mantenido sin cambios. Ejemplos:

    HABITATIO > *habitación,*   **H**ERBA > *hierba.*

- Otras veces procede de una *f-* inicial latina. Ejemplos:

    FARINA > *harina,*   **F**OLIA > *hoja.*

- En algunos casos la *f* se encuentra en medio de la palabra porque proviene de una palabra latina con *f* a la que se ha añadido un prefijo. Ejemplos:

    FACERE > *hacer* > *deshacer,*   **F**ARINA > *harina* > *enharinar.*

- Su origen podemos hallarlo también en el árabe. Ejemplo:

    AL-**J**AIRÍ > *alhelí.*

EL LATÍN Y LAS LENGUAS ROMÁNICAS

La comparación del castellano con el francés y el italiano puede ayudar a los hablantes a reconocer cuándo una palabra debe llevar *h*.
Muchas palabras con *f* en estas lenguas se escriben con *h* en español.

Latín	Francés	Italiano	Español
farina	*farine*	*farina*	*harina*
filiu	*fils*	*figlio*	*hijo*
ferrum	*fer*	*ferro*	*hierro*
folia	*feuille*	*foglia*	*hoja*
facere	*faire*	*fare*	*hacer*

RECUERDA

Muchas de las palabras con *h* intercalada no siguen ninguna regla.

vehículo	*ahora*	*cohete*	*bahía*	*zanahoria*
alcohol	*ahumar*	*exhausto*	*mohoso*	*ahumar*
ahorro	*buhardilla*	*deshojar*	*ahogarse*	*cacahuete*
prohibir	*búho*	*exhibir*	*ahuyentar*	*anhelo*

RECUERDA

Hay palabras que comienzan por el diptongo **hue-** y por lo tanto llevan *h* y, sin embargo, el resto de palabras de la familia no lleva *h*. Ejemplos:

HUESO	**HUEVO**	**HUECO**	**HUÉRFANO**
osamenta	*ovario*	*oquedad*	*orfanato*
osario	*oval*	*ahuecar*	*orfandad*
óseo	*ovoide*		
huesudo	*ovalado*		
deshuesar	*óvulo*		

*La yema del **h**uevo es muy nutritiva.*

Todas las formas del verbo *haber* se escriben con *h*.

Indicativo		Subjuntivo	
Presente		**Presente**	
he	*hemos*	*haya*	*hayamos*
has	*habéis*	*hayas*	*hayáis*
ha	*han*	*haya*	*hayan*
Pretérito Imperfecto		**Pretérito Imperfecto**	
había	*habíamos*	*hubiera*	*hubiese*
habías	*habíais*	*hubieras*	*hubieses*
había	*habían*	*hubiera*	*hubiese*
		hubiéramos	*hubiésemos*
		hubierais	*hubieseis*
		hubieran	*hubiesen*
Pretérito Indefinido		**Futuro**	
hube	*hubimos*	*hubiere*	*hubiéremos*
hubiste	*hubisteis*	*hubieres*	*hubiereis*
hubo	*hubieron*	*hubiere*	*hubieren*
Futuro Imperfecto		**Imperativo**	
habré	*habremos*	**Presente**	
habrás	*habréis*	*he (tú)*	
habrá	*habrán*	*haya (él, ella, usted)*	
Condicional Simple			
habría	*habríamos*	*habed (vosotros)*	
habrías	*habríais*	*hayan (ellos, ellas, ustedes)*	
habría	*habrían*		

*Un **h**urón **h**usmea unas **h**uellas cerca de un **h**ormiguero.*

El español suaviza la *f*. La convierte en un sonido aspirado suave y finalmente deja de oírse. Queda la *h*.

NOMBRES, VERBOS Y ADJETIVOS CON *H*

Nombre	Verbo	Adjetivo
horror	*horrorizar*	*horrendo*
habitación	*habitar*	*habitado*
humedad	*humedecer*	*húmedo*
hospital	*hospitalizar*	*hospitalario*
honor	*honrar*	*honrado*
humo	*ahumar*	*ahumado*
prohibición	*prohibir*	*prohibido*
cohesión	*cohesionar*	*coherente*
adhesivo	*adherir*	*adherido*
hielo	*helar*	*helado*

En griego, *hipo* = caballo, *dromos* = correr. *Hipódromo* = lugar donde corren los caballos.

PREFIJOS FRECUENTES: HIDR-

Se escriben con **h** las palabras que comienzan por **hidr-** (agua). Ejemplos:

*hidr*atar: proporcionar agua a la piel,

*hidr*atante: que cuida la piel para que no se seque,

*hidr*ato: sustancia que resulta al mezclar otra con agua,

*hidr*áulico: que se mueve por medio de agua u otro líquido,

*hidr*oavión: avión que puede posarse y mantenerse en el agua,

*hidr*ófilo: que absorbe el agua con facilidad,

*hidr*ofobia: temor o miedo muy grande al agua,

*hidr*ografía: parte de la geografía que estudia los mares, ríos y lagos,

*hidr*osfera: capa de la Tierra que está formada por todas las aguas.

PREFIJOS FRECUENTES: HIPER- / HIPO-

Se escriben con **h** las palabras que empiezan por **hiper-** (mucho, exceso) e **hipo-** (inferioridad, por debajo de). Ejemplos:

*hiper*mercado: tienda muy grande en la que se vende de todo, generalmente con un gran aparcamiento,

*hipér*bole: forma de expresar algo exagerando mucho,

*hipo*condríaco: persona que tiene un estado de ánimo bajo y preocupación constante por la salud,

*hipo*calórico: con bajas calorías (alimento de dieta),

*hipo*termia: temperatura más baja de lo normal.

OTROS PREFIJOS FRECUENTES

hipo (caballo),

*hipó*dromo: lugar en el que se celebran carreras de caballos,

*hipo*pótamo: mamífero de gran cuerpo y patas cortas que vive en los ríos africanos,

*hípi*co: relativo a los caballos,

*hipo*campo: caballito de mar.

*Los **hiper**mercados son más grandes que los supermercados.*

En griego, *hipo* significa caballo y *potamos*, río.

Así pues, la palabra *hipopótamo* literalmente significará caballo de río.

*A los **hipopótamos** les gusta estar en el agua.*

RECUERDA

Estas palabras siempre se escriben con **h**, pero no siguen ninguna regla.

*a*hí	*h*iguera	*h*onrado
*h*oy	*h*ilo	*h*orario
*h*asta	*h*ebra	*h*ollín
*h*éroe		*h*orno
*h*acer		

*H*orario.

habilitar	**inhab**ilitar
humanizar	**desh**umanizar
habitual	**inhab**itual
hinchar	**desh**inchar
inhalar	**exh**alar
ahogo	**desah**ogo
habitado	**desh**abitado
inhumar	**exh**umar
hidratar	**desh**idratar
inhibir	**exh**ibir
honrar	**desh**onrar

PREFIJOS FRECUENTES

Se escriben con **h** las palabras que comienzan por **hecto-** (cien), **hemi-** (medio), **hemo-** (sangre), **hipno-** (sueño). Ejemplos:

hectárea: medida de superficie (cien mil metros cuadrados),

hectógramo: medida de peso (cien gramos),

hectólitro: medida de capacidad (cien litros),

hectómetro: medida de longitud (cien metros),

hemiciclo: espacio en forma de medio círculo, con asientos ordenados en escalera,

hemisferio: cada una de las dos mitades en que se considera dividida la Tierra,

hemofilia: enfermedad que consiste en una gran dificultad de coagulación de la sangre,

hemoglobina: sustancia que da color rojo a la sangre,

hemorragia: salida abundante de sangre,

hemorroide: variz o bulto en el ano debido a la mala circulación,

hipnosis: capacidad de provocar el sueño mediante magnetismo o influjo personal,

hipnotizar: provocar sueño mediante una capacidad personal,

hipnotizador: persona que domina el arte de dormir a las personas mediante una capacidad especial.

*El **hipno**tizador, mediante sus capacidades hipnóticas, **hipno**tiza a los espectadores.*

*La mancha es el instrumento adecuado para **h**inchar las ruedas des**h**inchadas.*

*In- **h**umar, proviene del latín humus = tierra. Así pues, **inh**umar = colocar tierra (enterrar), y **exh**umar = sacar de la tierra (desenterrar).*

VERBO HACER

Indicativo		Subjuntivo	
Presente		**Presente**	
hago	**h**acemos	**h**aga	**h**agamos
haces	**h**acéis	**h**agas	**h**agáis
hace	**h**acen	**h**aga	**h**agan
Pretérito Imperfecto		**Pretérito Imperfecto**	
hacía	**h**acíamos	**h**iciera	**h**iciese
hacías	**h**acíais	**h**icieras	**h**icieses
hacía	**h**acían	**h**iciera	**h**iciese
		hiciéramos	**h**iciésemos
		hicierais	**h**icieseis
		hicieran	**h**iciesen
Pretérito Indefinido		**Futuro**	
hice	**h**icimos	**h**iciere	**h**iciéremos
hiciste	**h**icisteis	**h**icieres	**h**iciereis
hizo	**h**icieron	**h**iciere	**h**icieren
Futuro Imperfecto		**Imperativo**	
haré	**h**aremos	**Presente**	
harás	**h**aréis	**h**az (tú)	
hará	**h**arán	**h**aga (él, ella, usted)	
Condicional Simple		**h**aced (vosotros)	
haría	**h**aríamos	**h**agan (ellos, ellas, ustedes)	
harías	**h**aríais		
haría	**h**arían		

Introducción

Signos de puntuación

Acentuación

Las mayúsculas

Abreviaturas

Las letras B y V

Las letras H, G y J

Las letras C, Z, K y el grupo QU

El dígrafo LL y la letra Y

Las letras M y N

La letra X

La letra R y el dígrafo RR

Las letras D, P, B y W

Casos especiales

Los números

Apéndices

Índice alfabético de materias

HISTORIAS DEL HIELO

La bestia y el *hombre* se arrastraban por el *hielo hundiendo* sus pies en aquel *helado* entorno. Ruf se acercaba a los talones del *hombre* y buscaba *anhelante* una caricia de su dueño; así, junto a él, *huyendo* del aire cortante como un cuchillo, Jorge y Ruf se *hicieron* uno contra las inclemencias atmosféricas. ¿Quién necesitaba más a quién?

La *helada* respiración de Ruf se *había* convertido en un fino polvillo blanco que recubría su *hocico* y sus pestañas. Las cejas de Jorge también destacaban como blanca escarcha sobre su rostro. Al respirar, su *exhalación húmeda* cubría de hielo la bufanda que apenas dejaba al descubierto sus ojos.

Se buscaron con la mirada y se adentraron en el bosque. Sabían que al otro lado les esperaba el campamento base donde los amigos *habían* encendido una *hoguera* para *ahuyentar* el frío y las fieras, no tardarían en llegar.

| hoguera | hielo | | hocico | hombre | hundirse |

VERBO HUIR

Indicativo		Subjuntivo	
Presente		**Presente**	
huyo	huimos	huya	huyamos
huyes	huís	huyas	huyáis
huye	huyen	huya	huyan
Pretérito Imperfecto		**Pretérito Imperfecto**	
huía	huíamos	huyera	huyese
huías	huíais	huyeras	huyeses
huía	huían	huyera	huyese
		huyéramos	huyésemos
		huyerais	huyeseis
		huyeran	huyesen
Pretérito Indefinido		**Futuro**	
huí	huimos	huyere	huyéremos
huiste	huisteis	huyeres	huyereis
huyó	huyeron	huyere	huyeren
Futuro Imperfecto		**Imperativo**	
huiré	huiremos	**Presente**	
huirás	huiréis	huye (tú)	
huirá	huirán	huya (él, ella, usted)	
Condicional Simple			
huiría	huiríamos	huid (vosotros)	
huirías	huiríais	huyan (ellos, ellas, ustedes)	
huiría	huirían		

PALABRAS HOMÓFONAS CON *H* Y SIN *H*

hecho/ echo/ deshecho

Hecho: participio del verbo. Ejemplo: *He **h**echo ya todo lo que he podido.*

Echo: forma del verbo echar. Ejemplo: ***E**cho todos los papeles a la papelera.*

Deshecho: participio del verbo deshacer. Ejemplo: *Ya he **desh**echo el puzzle.*

haber/ a ver

Haber: infinitivo del verbo haber. Ejemplo: *Deberá **h**aber mucha más vigilancia.*

A ver: preposición más infinitivo. Ejemplo: *Voy **a** ver si han traído el correo. ¡**A** ver cuando viene!*

había/ avía

Había: verbo haber. Ejemplo: ***Hab**ía mucha gente en el concierto.*

Avía: verbo aviar (preparar, arreglar). Ejemplo: ***A**víalo todo antes de que lleguen.*

habría/ abría

Habría: forma del verbo haber. Ejemplo: ***Hab**ría plantado más margaritas si hubiera sabido que te gustaban.*

Abría: forma del verbo abrir. Ejemplo: *Siempre **a**bría la puerta sigilosamente.*

*Éste es el bosque de **h**ayas donde al final de verano **h**allas tantas setas.*

En el caso de personas *yeístas* (que pronuncian igual *ll / y*) las palabras *haya* y *halla* se consideran homófonas porque suenan igual.

PALABRAS HOMÓFONAS CON *H* Y SIN *H*

*h*aya / *a*ya

Haya: forma del verbo haber. Ejemplo: *Es posible que haya plantas carnívoras en aquella selva.*

Haya: árbol de hoja caduca que puede formar magníficos bosques. Ejemplo: *Aquel bosque de hayas es espectacular en otoño.*

Aya: persona que vive con una familia y es la encargada de cuidar a los niños. Ejemplo: *Cada tarde salían al jardín con el aya.*

*h*izo / *i*zo

Hizo: forma del verbo hacer. Ejemplo: *Mi abuela hizo un pastel buenísimo.*

Izo: forma del verbo izar (elevar la bandera). Ejemplo: *Hoy izo la bandera.*

*h*onda / *o*nda

Honda: profunda. Ejemplo: *Esta piscina es demasiado honda para alguien que nada mal.*

Onda: curva en una superficie. Ejemplo: *Al echar la piedra al agua, en la superficie se formaron ondas.*

*r*ehusar / *r*eusar

Rehusar: rechazar, no aceptar. Ejemplo: *Rehusó todos los honores que le correspondían.*

Reusar: reutilizar, volver a usar. Ejemplo: *Estos recipientes se pueden reusar.*

*h*a / *a*

Ha: forma del verbo haber. Ejemplo: *Ha venido a escuchar la conferencia.*

a: preposición. Ejemplo: *Si vienes a casa merendaremos juntos.*

a*h*í / *h*ay / ¡*a*y!

Ahí: adverbio de lugar. Ejemplo: *Lo dejé ahí.*

Hay: forma del verbo haber. Ejemplo: *En primavera hay muchos insectos.*

¡Ay!: interjección. Grito generalmente de dolor. Ejemplo: *¡Ay! ¡Cuánto me duele!*

a*z*ar / a*zah*ar

Azar: destino, suerte, casualidad. Ejemplo: *No hay que dejar las cosas al azar.*

Azahar: flor del naranjo. Ejemplo: *La flor del naranjo es el azahar.*

¡*h*ala! / *a*la

¡Hala!: interjección. Ejemplo: *¡Hala! ¡Qué disparate!*

Ala: parte del cuerpo de las aves que les sirve para volar. Ejemplo: *Se dio impulso y agitando las alas, emprendió el vuelo.*

*h*arte / *a*rte

Harte: forma del verbo hartar. Ejemplo: *Le ofreceré comida hasta que se harte.*

Arte: habilidad. Ejemplo: *Tiene mucho arte para cantar.*

*h*as / *a*s

Has: forma del verbo hacer. Ejemplo: *Has de hacer caso a sus palabras.*

As: carta máxima de la baraja. Ejemplo: *En esta baraja falta el as de copas.*

*h*asta / *a*sta

Hasta: preposición. Ejemplo: *Llegaremos hasta allí.*

Asta: cuerno. Ejemplo: *Al toro se le rompió el asta.*

Asta: palo alto. Ejemplo: *Izó la bandera en el asta.*

*h*ora / *o*ra

Hora: unidad de tiempo. Ejemplo: *¿Puedes decirme qué hora es?*

Ora: del verbo orar (rezar). Ejemplo: *La gente ora ante el altar.*

*h*orca / *o*rca

Horca: instrumento para ahorcar. Ejemplo: *La horca se levantaba, terrible, en el centro de la plaza.*

Orca: mamífero marino. Ejemplo: *La orca es un gran depredador marino.*

a*p*render / a*p*rehender

Aprender: adquirir conocimientos. Ejemplo: *Es interesante aprender biología.*

Aprehender: captar (sentido figurado), capturar. Ejemplos: *Creo que por fin he aprehendido la idea principal de este artículo.*
La aprehensión de los delincuentes fue inesperadamente rápida.

hizo- izo
honda- onda
¡hala!- ala
has- as
azahar- azar
horca- orca
hola- ola
hojear- ojear

Fuera de contexto es imposible distinguir cómo se escriben las palabras homófonas.

La *o*rca.

RECUERDA		
¡ah!	¡hala!	¡uy!
¡eh!	¡hola!	¡bah!
¡oh!	¡ay!	¡hurra!

EL NIÑO EGOÍSTA

«Ojalá *haya* nieve en la montaña y Andrés no *haya* llegado todavía; así seré yo el primero en pisar la nieve», eso pensaba Tonio mientras aceleraba el paso. Cuando estaba cruzando el bosque, una *haya* inmensa le cortó el paso y tuvo que sortear con dificultad sus enormes raíces. Resbaló, se arañó, pero nada frenaba su carrera. Oyó los gritos del *aya* que le llamaba: «¡Tonio! ¡Tonio! ¡Vuelve! ¿Dónde estás?». Continuaba subiendo monte arriba y jadeando. No *había* querido esperar a los otros, quería ser el primero. Toda la nieve para él... la nieve... ya llegaba, después de la cuesta, el valle blanco sería para él solo. Llegó por fin, cansado, sudoroso, extenuado...
Andrés y sus amigos lo llamaron muy contentos. «¿Dónde estabas? El *aya* te llamó, pero no contestaste. *Hemos* subido en un todoterreno y *hace* rato que estamos jugando. La nieve está estupenda».

PALABRAS QUE LLEVAN *H* AL INICIO

hábil	*hebilla*	*hermético*	*hollar*
hablar	*heces*	*héroe*	*hombro*
hada	*helecho*	*higo*	*hongo*
halago	*hembra*	*hinchar*	*hostil*
hambre	*hendir*	*hogar*	*hundir*
harapo	*herbolario*	*hojalata*	*hurgar*

El *h*erbolario nos mostró el tipo de plantas medicinales adecuadas para nuestro problema.

PALABRAS QUE LLEVAN *H* EN MEDIO

adherir	*almohada*	*exhausto*
ahí	*bahía*	*malhechor*
ahogar	*búho*	*mohoso*
ahorrar	*cacahuete*	*prohibir*
ahuyentar	*cohete*	*quehacer*
alcohol	*enhorabuena*	*vehículo*
alhelí	*exhalar*	*ahogado*

¡Me encantan los caca*h*uetes! ¡Es todo un placer rasgar sus crujientes cáscaras antes de poder pegarles un buen mordisco!

PALABRAS CON DOBLE ORTOGRAFÍA

Hay algunas palabras que se pueden escribir con y sin *h*. Ejemplos:

¡*ah*!	¡*ha*!
¡*arpa*!	¡*harpa*!
arpía	*harpía*
hexagonal	*exagonal*
sabiondo/a	*sabihondo/a*
¡*uf*!	¡*huf*!
urraca	*hurraca*

La Academia aconseja el uso de las formas de la izquierda.

No debemos confundir las palabras **homófonas** con las **parónimas**. Estas últimas se pronuncian de forma parecida pero no igual, y tienen también significados distintos.

EJEMPLOS ESPECIALES

No es lo mismo tomar chocolate "*deshecho*" que chocolate de "*desecho*", con fecha caducada y sin sabor.

Con el *a*ya puedo ir a muchos sitios, con el *h*aya no puedo hacer nada más que sentarme bajo su sombra. Es bonita, pero no habla, es aburrida.

Mientras *i*zaba las velas, mi padre *h*izo un gesto muy raro señalando el horizonte.

A*h*í está tu merienda.

Vayamos a otro lugar; aquí *h*ay muchas hormigas.

¡Ay!

ORTOGRAFÍA DE LA LETRA *G*

La letra *g* puede llevarnos a dudas ortográficas en más de una ocasión porque en algunos casos su sonido es similar a la *j*, por ejemplo, en *geranio* y *jirafa*. Esta confusión se producirá solamente cuando la *g* preceda a las vocales *e, i*. Ejemplos: *genio, jeringuilla*. Con el resto de las vocales, *a, o, u*, el sonido de la *g* será suave. Ejemplos: *gato, gotera, gusano*.

EJEMPLOS DE APLICACIÓN DE LA *G*

El *águila* planeaba sobre el llano.

En el corral las *gallinas* y los *gorriones* se peleaban por las mi*gas* de pan.

Por mucho que les ro*gué*, se ne*garon* a entrar.

Por favor, no apa*gues* el fue*go*; me *gusta* dormirme con el resplandor de las brasas.

Un ras*gueo* de *guitarra* adormecía a la hora de la siesta.

NOMBRES, VERBOS Y ADJETIVOS CON *G*

Nombre	Verbo	Adjetivo
gesto	gesticular	gestual
agilidad	agilizar	ágil
gigante	agigantar	gigante
exigencia	exigir	exigente
ligereza	aligerar	ligero
digestión	digerir	digestivo
sugerencia	sugerir	sugestivo

LOS SONIDOS DE LA *G*

g suave	a =	*gas*
	o =	*gorro*
	u =	*gusto*
g fuerte	e =	*gesto*
	i =	*gimnasia*
g suave	ue =	*guerra*
	üe =	*paragüero*
	ui =	*guiso*
	üi =	*pingüino*

El gato se protege de la lluvia con un para*güi*tas.

Paraguas, agua, antiguo nunca llevan diéresis sobre la *u* ya que detrás de ella no aparecen las vocales *e – i*, aunque otras palabras de la misma familia sí la lleven (*paragüitas, agüita, antigüedad*).

LA DIÉRESIS

En español hay pocas palabras con diéresis: *paragüero, agüero, agüita, pingüe, pingüino, paragüitas, argüir, desagüe, vergüenza, lingüística, antigüedad, ambigüedad, cigüeña, lengüeta*.

VERBO AVERIGUAR

Indicativo		Subjuntivo	
Presente		**Presente**	
averiguo	averiguamos	averigüe	averigüemos
averiguas	averiguáis	averigües	averigüéis
averigua	averiguan	averigüe	averigüen
Pretérito Imperfecto		**Pretérito Imperfecto**	
averiguaba	averiguábamos	averiguara	averiguase
averiguabas	averiguabais	averiguaras	averiguases
averiguaba	averiguaban	averiguara	averiguase
		averiguáramos	averiguásemos
		averiguarais	averiguaseis
		averiguaran	averiguasen
Pretérito Indefinido		**Futuro**	
averigüé	averiguamos	averiguare	averiguáremos
averiguaste	averiguasteis	averiguares	averiguareis
averiguó	averiguaron	averiguare	averiguaren
Futuro Imperfecto		**Imperativo**	
averiguaré	averiguaremos	**Presente**	
averiguarás	averiguareis	averigua (tú)	
averiguará	averiguarán	averigüe (él, ella, usted)	
Condicional Simple		averiguad (vosotros)	
averiguaría	averiguaríamos	averigüen (ellos, ellas, ustedes)	
averiguarías	averiguaríais		
averiguaría	averiguarían		

ci*güe*ña

para*güe*ro

pin*güi*no

desa*güe*

para*güi*tas

anti*güe*dades

Atención a la palabra *cónyuge* que se escribe con *g* y se tiende a pronunciar incorrectamente ("cónyugue").

Introducción

Signos de
puntuación

Acentuación

Las
mayúsculas

Abreviaturas

Las letras
B y V

**Las letras
H, G y J**

Las letras
C, Z, K y
el grupo QU

El dígrafo LL
y la letra Y

Las letras
M y N

La letra X

La letra R y el
dígrafo RR

Las letras
D, P, B y W

Casos
especiales

Los números

Apéndices

Índice
alfabético
de materias

REGLAS DE APLICACIÓN DE LA *G*

• La letra *g* sonará suave siempre que vaya antes de las vocales *a, o, u*. Ejemplos:

*ga*rra, *go*tera, *gu*ante.

• La letra *g* sonará fuerte siempre que vaya ante *e, i*. Ejemplos:

*ge*sto, *gi*gante.

• Si queremos que la letra *g* suene suave ante *e, i*, deberemos intercalar una u. Ejemplos:

*gue*rra, *gui*so.

• Hay algunos casos en los que se debe pronunciar la *u* que va intercalada entre la *g* y la *e, i*. Ejemplos:

para*güe*ro, pin*güi*no.

• Se escriben con *g* las palabras que comienzan por *geo-*. Ejemplos:

*geo*logía, *geo*grafía.

• Se escriben con *g* las palabras que comienzan por *ing-*. Ejemplos:

*ing*enuo, *ing*eniero.

Excepción: *inj*erto.

• Se escriben con *g* las palabras que terminan en *-gen*. Ejemplos:

mar*gen*, ori*gen*.

• Se escriben con *g* las palabras que comienzan por *gen-*. Ejemplos:

*gen*te, *gen*eroso.

Excepción: *jen*gibre.

• Se escriben con *g* los verbos que terminan en *-ger* y *-gir*. Ejemplos:

prote*ger*, ele*gir*.

Excepción: te*jer*, cru*jir*.

• Se escriben con *g* las palabras que terminan en *-gia, -gio, -gión, -gional*. Ejemplos:

ma*gia*, presti*gio*, reli*gión*, re*gional*.

• Se escriben con *g* todas las palabras acabadas en:

-gen (y sus derivados): mar*gen*, mar*ginal*.
-genario: octo*genario*, quincua*genario*.
-gencia: ur*gencia*.
-géneo: homo*géneo*.
-genio: *genio*, primi*genio*.
-gente: in*gente*.
-gésimo: vi*gésimo*.
-ígeno: ox*ígeno*, cancer*ígeno*.
-igero: l*igero*.

EL GUSANO GUS

Chuf el *pingüino* admiraba a las *gaviotas* y a las *águilas* porque planeaban en el aire majestuosamente.
La *gallina* Pita admiraba al *gallo* porque tenía un plumaje de colores vistosos y su canto era potente.
La *grulla* Tula admiraba a la *cigüeña* porque era capaz de construir un nido *grande* y confortable.
Sin *embargo*, el *gusanito Gus* estaba muy feliz porque tenía muchas *ganas* de recorrer el mundo y, aunque no pudiera volar alto ni tener un canto muy potente ni un *gran* nido, podía pasear y *girar* bajo tierra, subirse a la

giba de un *gigante* sin que lo advirtiera y *gesticular* y hacer muecas sin que nadie protestara porque apenas lo veían.
¡Qué feliz era el *gusano Gus*!

VERBO ELEGIR

Indicativo		Subjuntivo	
Presente		**Presente**	
elijo	elegimos	elija	elijamos
eliges	elegís	elijas	elijáis
elige	eligen	elija	elijan
Pretérito Imperfecto		**Pretérito Imperfecto**	
elegía	elegíamos	eligiera	eligiese
elegías	elegíais	eligieras	eligieses
elegía	elegían	eligiera	eligiese
		eligiéramos	eligiésemos
		eligierais	eligieseis
		eligieran	eligiesen
Pretérito Indefinido		**Futuro**	
elegí	elegimos	eligiere	eligiéremos
elegiste	elegisteis	eligieres	eligiereis
eligió	eligieron	eligiere	eligieren
Futuro Imperfecto		**Imperativo**	
elegiré	elegiremos	**Presente**	
elegirás	elegiréis	elige (tú)	
elegirá	elegirán	elija (él, ella, usted)	
Condicional Simple		elegid (vosotros)	
elegiría	elegiríamos	elijan (ellos, ellas, ustedes)	
elegirías	elegiríais		
elegiría	elegirían		

*Campo de *gi*rasoles.*

RECUERDA

Estas palabras se escriben con *g*, pero no siguen ninguna regla:

*gi*mnasia ré*gi*men hi*gi*ene

*gi*rasol intelli*gen*cia *gi*nebra

Conviene recordar que nunca se escriben con *g*:

*j*efe *j*ersey e*j*emplo

*j*irafa me*j*illa mu*j*er

VOCABULARIO ORTOGRÁFICO

agencia	gesto	ligero
ágil	girar	imagen
coger	inteligente	página
colegio	longitud	refugio
corregir	oxígeno	región
digerir	proteger	margen
emergencia	refrigeración	genio
energía	registrar	general
exigir	tragedia	gimnasia
fugitivo	urgente	elegir
geranio	régimen	vegetal

ORTOGRAFÍA DE LA LETRA J

El sonido de la letra **j** tal como lo pronunciamos ahora no existía en el castellano antiguo. Posteriormente, hacia finales del siglo XVI apareció representado por la letra **x** que gradualmente se convirtió en nuestra actual **j**. La letra **j** puede pronunciarse también como una **y** con sonido consonántico en palabras de procedencia extranjera. Ejemplos: *banjo* (del inglés), *jaguar* (del guaraní), *judo* (del japonés), *jacuzzi* (del japonés), *jet* (del inglés).

Otros verbos acabados en **-ucir**: con**ducir**, de**ducir**, tra**ducir**, pro**ducir**, intro**ducir**... forman el pretérito indefinido con **j**.

ejecutivo | traje | jeque | equipaje | jersey | ajedrez | vendaje

REGLAS ACERCA DE TERMINACIONES

• Se escriben con **j** todas las palabras que terminan en **-aje**. Ejemplos:

    gara**je**, via**je**, aprendiza**je**.

• Se escriben con **j** todas las palabras que terminan en **-jero**, **-jera**, **-jería**. Ejemplos:

    extran**jero**, lison**jera**, bru**jería**.

    Excepción: li**gero**.

• Se escriben con **j** las formas verbales cuyo infinitivo termina en **-cir** y no lleva ni **g** ni **j**. Ejemplo:

    di**je** (de**cir**).

• Se escriben con **j** todas las formas de los verbos cuyo infinitivo acaba en **-jear**. Ejemplos:

    ho**jear**, homena**jear**.

VERBOS, SUSTANTIVOS Y ADJETIVOS CON J

Verbo	Sustantivo	Adjetivo
bajar	bajada / bajón / bajeza	bajo
fijar	fijeza / fijación	fijo
enrojecer	rojo	rojizo
envejecer	vejez / viejo	viejo
encajar	caja	encajado
embrujar	bruja	embrujado

embrujar   bruja

VOCABULARIO ORTOGRÁFICO

agujero	garaje	mujer	rodaje
ajedrez	jeringuilla	ojera	sujetar
bujía	jinete	paisaje	tejer
cojín	jirafa	pasajero	tijera
crujir	lejía	peaje	traje
equipaje	masaje	quejido	vejez
extranjero	mensaje	reportaje	viaje

reloj   relo**jero**

carru**aje**

jardinero

cerra**jero**

ficha**je**

plum**aje**

tejer

ORTOGRAFÍA DE LA LETRA J

Introducción

Signos de
puntuación

Acentuación

Las
mayúsculas

Abreviaturas

Las letras
B y V

**Las letras
H, G y J**

Las letras
C, Z, K y
el grupo QU

El dígrafo LL
y la letra Y

Las letras
M y N

La letra X

La letra R y el
dígrafo RR

Las letras
D, P, B y W

Casos
especiales

Los números

Apéndices

Índice
alfabético
de materias

VERBO TRAER

Indicativo		Subjuntivo	
Presente		**Presente**	
traigo	traemos	traiga	traigamos
traes	traéis	traigas	traigáis
trae	traen	traiga	traigan
Pretérito Imperfecto		**Pretérito Imperfecto**	
traía	traíamos	trajera	trajese
traías	traíais	trajeras	trajeses
traía	traían	trajera	trajese
		trajéramos	trajésemos
		trajerais	trajeseis
		trajeran	trajesen
Pretérito Indefinido		**Futuro**	
traje	trajimos	trajere	trajéremos
trajiste	trajisteis	trajeres	trajereis
trajo	trajeron	trajere	trajeren
Futuro Imperfecto		**Imperativo**	
traeré	traeremos	**Presente**	
traerás	traeréis	trae (tú)	
traerá	traerán	traiga (él, ella, usted)	
Condicional Simple		traed (vosotros)	
traería	traeríamos	traigan (ellos, ellas, ustedes)	
traerías	traeríais		
traería	traerían		

VERBO DECIR

Indicativo		Subjuntivo	
Presente		**Presente**	
digo	decimos	diga	digamos
dices	decís	digas	digáis
dice	dicen	diga	digan
Pretérito Imperfecto		**Pretérito Imperfecto**	
decía	decíamos	dijera	dijese
decías	decíais	dijeras	dijeses
decía	decían	dijera	dijese
		dijéramos	dijésemos
		dijerais	dijeseis
		dijeran	dijesen
Pretérito Indefinido		**Futuro**	
dije	dijimos	dijere	dijéremos
dijiste	dijisteis	dijeres	dijereis
dijo	dijeron	dijere	dijeren
Futuro Imperfecto		**Imperativo**	
diré	diremos	**Presente**	
dirás	diréis	di (tú)	
dirá	dirán	diga (él, ella, usted)	
Condicional Simple		decid (vosotros)	
diría	diríamos	digan (ellos, ellas, ustedes)	
dirías	diríais		
diría	dirían		

PALABRAS HOMÓFONAS CON *J* Y CON *G*

ingerir / injerir

Ingerir: comer, introducir algo en el estómago. Ejemplo: *No ingirió nada hasta la noche.*

Injerir: se puede utilizar en vez de injertar, unir un brote a una planta. Ejemplo: *Traté de injerir aquellos naranjos.*

Injerirse: entrometerse. Ejemplo: *No te injieras en mis asuntos.*

Mediante los injertos se pueden mejorar colores y sabores.

agito / ajito

Agito: del verbo agitar. Ejemplo: *Si no agito el frasco, no saldrá nada.*

Ajito: ajo pequeño. Ejemplo: *Echa unos ajitos a la sopa.*

gineta / jineta

Gineta: mamífero carnívoro. Ejemplo: *La gineta es un animal de costumbres nocturnas.*

Jineta: cierto aire de montar. Ejemplo: *Ensayó la jineta, pero no le salía.*

gragea / grajea

Gragea: pastilla. Ejemplo: *Las grageas suelen ser de color brillante.*

Grajea: del verbo grajear. Ejemplo: *Las cornejas grajearon cuando les ladró el perro.*

Corneja.

PALABRAS TERMINADAS EN -*AJE*

carru**aje**	p**aje**	pais**aje**
cor**aje**	pe**aje**	blind**aje**
gar**aje**	mestiz**aje**	person**aje**
lengu**aje**	report**aje**	salv**aje**
mens**aje**	mas**aje**	vend**aje**
rop**aje**	aterriz**aje**	espion**aje**
marc**aje**	mont**aje**	aprendiz**aje**

RECUERDA

Estas palabras se escriben **siempre** con *j*:

le**j**ía	ob**j**eto	me**j**illón
te**j**ido	su**j**etar	pere**j**il

La mayor parte de las palabras terminadas en -**aje** y que se escriben con *j* proceden del francés.

ORTOGRAFÍA DE LAS LETRAS C, Z

El sonido [z] en castellano puede representarse mediante las grafías *c* y *z*: *cielo, zapato*. En amplias zonas del castellano, especialmente en Andalucía, Canarias y los países americanos de habla hispana, el sonido [z], se escriba con *c* o con *z*, se pronuncia generalmente [s]: *circulación [sirculasión]*, *zumo* *[súmo]*. Este fenómeno se conoce con el nombre de **seseo** y para quien lo tiene asimilado al habla, supone una mayor dificultad ortográfica en las palabras que contienen las letras *c, z* al entrar en conflicto también la letra *s* y, en ocasiones, la **x**.

UN POCO DE SUSPENSE

Crucé la calle, con la *mezquina intención* de volver a la *oficina*, cuando vi *aparecer* a la *vecina* del quinto, que bajaba del autobús con cara de *satisfacción* y *avanzaba* con paso rápido entre la gente. Al *principio*, no *reaccioné*. Ella se *acercó* al quiosco. Pero en *vez* de detenerse, siguió a toda *velocidad*. Yo la miraba, quieto en mitad de la *acera*, hasta que *tropecé* con un *anciano* despistado. Por un instante me *pareció* que había *comenzado* una *persecución*. ¿Tenía yo aspecto de detective?

ofi**c**ina — farma**c**ia — **c**ielo plomi**z**o — **c**ine

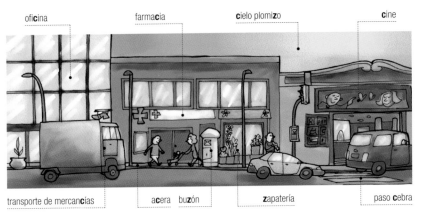

transporte de mercan**c**ías — a**c**era bu**z**ón — **z**apatería — paso **c**ebra

Mezquino significa cruel, pobre, malo, miserable... Esta palabra procede del árabe, concretamente, de *miskîn* "pobre, indigente".

REGLAS ÚTILES

- Se escribe **z** delante de **a, o, u**:

    zanahoria, **z**ona, **z**urdo.

- Se escribe **-z** cuando este sonido aparece en posición final de sílaba o de palabra:

    *cabi**z**bajo, a**z**teca, jue**z**, auda**z**.*

- Se escribe **c** delante de **e, i**:

    cenicero, **c**incel, **c**inco.

cator**c**e

14

carni**c**ería

cenicero

50

cerradura — cal**c**etín — **c**incuenta

RECUERDA

Hay algunos nombres propios que no siguen la regla anterior porque se escriben con **z** delante de **e, i**: *E**z**equiel, **Z**imbabwe, **Z**eus, **Z**enón, Nueva **Z**elanda.

*Paisaje de Nueva **Z**elanda.*

Los inventores de la *c*erveza fueron los egipcios.

ORTOGRAFÍA DE LAS LETRAS C, Z

USO DE LA *Z*

En castellano hay una serie de **sufijos** (se añaden al final de la palabra y forman palabras derivadas) que se escriben con **z**:

-azo (cuando es aumentativo o significa "acción brusca", "golpe" o "efecto de un golpe"):

ojazos, frenazo, portazo.

-anza, que forma sustantivos derivados de verbos:

esperar–esperanza, confiar–confianza.

-zuelo, sufijo despectivo:

reyezuelo, jovenzuelo, plazuela.

-ez, -eza, sufijos que forman nombres abstractos:

fluidez, flaqueza.

-izar, sufijo que forma verbos a partir de adjetivos o sustantivos:

legal–legalizar, real–realizar, político–politizar.

-izo(a), sufijos que forman adjetivos derivados de verbos:

huir–huidizo, resbalar–resbaladiza.

Un **accésit** es una recompensa inferior al premio. En los concursos literarios se reconoce con un accésit el valor de la obra que no ha recibido el primer premio.

corazón

cazuela

cerezas

avestruz

lapicero

cerveza

EL GRUPO *CC*

El grupo **cc** está formado por dos letras. En la pronunciación, la primera **c** representa el sonido [**k**]; la segunda **c**, el sonido [**z**]:

acción [akzión]

infección [infekzión]

acceder [akzeder]

Sin embargo, en la conversación habitual ese sonido [k] se relaja un poco y el grupo **cc** puede pronunciarse [**gz**]:

acción [agzión]

acceder [agzeder]

REGLA DEL GRUPO *CC*

Se escribe **-cc-** en las palabras acabadas en **-ción** si en alguna palabra de la misma familia léxica existe el grupo **-ct-**:

abstracción (de la familia de *abstracto*)

infracción (de la familia de *infractor*)

ficción (de la familia de *ficticio*)

introducción (de la familia de *introductor*)

Cuando escribimos las palabras entre corchetes, estamos mostrando los sonidos que componen aquella palabra. Por lo tanto, se trata de decir cómo se pronuncia la palabra en cuestión: *cacería* se pronuncia *[kazería]*.

VERBOS ACABADOS EN -ECER, -ACER Y -UCIR

Se utiliza el grupo **-zc-** en las formas de la conjugación de muchos verbos acabados en **-ecer, -acer, -ucir, -ocer** y las formas de conocer y sus derivados:

crecer – crezco

traducir – traduzco

complacer – complazco

conocer – conozco

El grupo **-cc-** también aparece en otras palabras que no tienen la terminación **-cción**. Tal es el caso de *accésit, accesorios, accidente, occidente, acceso*, etc.

Las palabras acabadas en **-z**, en el plural cambian la **z** por **c**: *juez-jueces, voraz-voraces, lombriz-lombrices.*

pizza

mezzosoprano

paparazzi

¡Cuidado! Hay palabras que se escriben con **-zz-** y que no proceden del italiano: *jazz* (inglés), *puzzle* (inglés), *razzia* (árabe) y *jacuzzi* (japonés).

La mayoría de las palabras que llevan el grupo **-zz-** proceden del italiano, y muchas han sido adoptadas ya por el Diccionario de la Real Academia Española.

LAS LETRAS *C*, *K* Y EL DÍGRAFO *QU*

Las letras *c*, *k* y el dígrafo *qu* (además de la letra *q* en algunas palabras de origen latino o extranjero) pueden representar un mismo sonido [k] en castellano: *caballo, kilómetro, raqueta*. La letra *q* suele aparecer, en castellano, ante la letra *u*. La secuencia *qu* se denomina dígrafo (suma de dos letras que representan un sonido): *queso, química, aquí, pequeño*. En algunas palabras de origen no castellano, la *u* que sigue a la *q* sí se pronuncia. En estos casos la secuencia *qu* no es un dígrafo, sino dos letras independientes: *quark* [kúark], *quórum* [kuórum], *quásar* [kuásar].

La vida en el bosque se había complicado. Por esta razón, el caracol quería entrar en la cueva del osezno para calentarse un poco. Había recorrido algunos metros, aunque a él le parecían kilómetros.

REGLAS ÚTILES

• Se escribe *qu* delante de **e, i** (la u no se pronuncia en estos casos):

que, aquel, quiero, queso.

• Se escribe *c* delante de las vocales **a, o, u** y, en algunos casos, al final de palabra y delante de consonante:

casa, frac, cubrir, corazón, cráter, clamor.

• Se escribe *k* en algunas palabras procedentes de lenguas no latinas. Puede aparecer ante cualquier vocal, al final de palabra y ante consonante:

koala, kiwi, anorak, kárate.

esquí · químico · anorak · kilo · bistec · cromo

La palabra *Kleenex* es un nombre registrado de la marca que comercializa los pañuelos de papel.

LA LETRA *C* AL FINAL DE PALABRA Y EL GRUPO -*CT*-

La -*c* aparece en posición final de palabra en términos de origen extranjero y en algunas onomatopeyas: *bistec, cinc, frac, vivac, cloc, tictac, tic, clic*. En el diccionario de la Real Academia podemos encontrar las formas *bistec* y *vivac* castellanizadas y transformadas en *bisté* y *vivaque*.

También podemos encontrar el sonido [k] en el grupo consonántico -*ct*- que aparece siempre entre vocales o entre vocal y *r*: *acto, actual, afecto, carácter, detective, dictar, doctor, efecto, eléctrico, octubre*, etc.

Vivac o *vivaque* significa campamento o acampada. Viene del francés antiguo *bivac*.

BLOQUE DE FAMILIAS LÉXICAS

Quemar	Quieto	Queja	Quijote
quema	*quietación*	*quejar*	*quijote*
quemada	*quietador*	*quejica*	*quijotería*
quemadero	*quietamente*	*quejicoso*	*quijotesa*
quemado	*quietar*	*quejilloso*	*quijotescamente*
quemador	*quiete*	*quejo*	*quijotesco*
quemadura	*quietismo*	*quejosamente*	*quijotil*
quemajoso	*quietista*	*quejoso*	*quijotismo*
quemamiento	*quieto/-a*	*quejumbrar*	
quemante	*quietud*	*quejumbre*	
quemar		*quejumbroso*	
quemazón		*quejarse*	
quemazoso			

PALABRAS QUE PUEDEN ESCRIBIRSE CON *K* O CON *QU*

*bi**qu**ini – bi**k**ini*

*cuá**qu**ero – cuá**k**ero*

*eus**qu**era – eus**k**era*

kermés – **qu**ermés

*kilogramo – **qu**ilogramo*

*ki**l**ómetro – **qu**ilómetro*

*qu**iosco – **k**iosco*

*qu**ivi – **k**iwi*

*kappa – **c**appa*

*vod**c**a – vod**k**a*

*ya**c** - ya**k***

Un *cuáquero* es un individuo de una secta religiosa unitaria, nacida en Inglaterra a mediados del siglo XVII, sin culto externo ni jerarquía eclesiástica.

Kermés es una palabra de origen flamenco y hace referencia a una fiesta popular al aire libre, con bailes, rifas, concursos, etc. Es femenino, (la) kermés.

Kappa es la décima letra del alfabeto griego, que corresponde a la letra *ka* en castellano.

Un *yak* es un bóvido que habita en las montañas del Tíbet. Se caracteriza por tener largas lanas que le cubren las patas y la parte inferior del cuerpo.

PALABRAS DE ORIGEN EXTRANJERO

A continuación se detallan algunas palabras de origen extranjero que se escriben con *k*, pero no están recogidas en el Diccionario de la Real Academia:

procedentes del **inglés**: *bro**k**er, flashbac**k**, fol**k**, hoc**k**ey, **k**art, **k**etchup, **k**it, **k**leenex, playbac**k***;

procedentes del **japonés**: *karaoke, karateca*;

procedentes del **ruso**: *katiuska*;

procedentes del **alemán**: *kitsch*;

procedentes del **hebreo**: *kibbutz*.

El caballero Don Quijote de la Mancha, el célebre protagonista de la novela de Miguel de Cervantes que lleva el mismo título, ha dado lugar a palabras de uso común como *quijotesco* o *quijote* (este último se refiere a una persona muy idealista): *Felipe adoptó una actitud **quijotesca**; Juan es un verdadero **quijote**: todavía cree que el proyecto se llevará a cabo.*

RECUERDA

En algunas palabras de origen latino que tienen el dígrafo *qu* se pronuncia la *u*: *qu**orum* [kuórum], *sine **qua** non* [sinekuánon], ***qu**id* [kuid].

La palabra *ki**l**ómetro* también puede escribirse con *qu*-: *qu**ilómetro*.

LA "REBELDE" *K*

La grafía *k*, aparte de registrarse en palabras de origen extranjero, también se utiliza en algunas palabras del castellano para mostrar cierto aire de rebeldía y de contestación. Por esta razón, no es extraño encontrar en la calle pintadas con lemas como:

*"Abajo el **kapital**"; "¡**Ok**upa!"; "**K**aos".*

De hecho, se ha creado la familia léxica *okupa, okupar, okupación...* para designar una actividad en la que personas se adueñan ilegalmente de casas o pisos deshabitados para vivir en ellos. También, se ha generalizado el uso de la palabra *ba**k**alao* para designar un "tipo de música de ritmo repetitivo".

La ocupación de casas abandonadas no es un fenómeno aislado. Se trata de personas que defienden un estilo de vida alternativo, alejado de convenciones y normas sociales, sobre todo, en lo que tiene que ver con aspectos básicos como la educación, la vivienda, etc.

VOCABULARIO ORTOGRÁFICO

K	*QU*	
káiser	*aquí*	*quejarse*
kefir	*chaqueta*	*quemar*
kelvin	*chiquillo*	*querer*
kilocaloría	*equivocación*	*químico*
kilogramo	*esquí*	*quince*
kilolitro	*etiqueta*	*quinto*
kilómetro	*maqueta*	*quizá(s)*
kilovatio	*moqueta*	*raqueta*
kinesiología	*obsequio*	
krausismo	*orquesta*	
kremlin	*paquete*	
kurdo	*quedar*	

Introducción

Signos de puntuación

Acentuación

Las mayúsculas

Abreviaturas

Las letras B y V

Las letras H, G y J

Las letras C, Z, K y el grupo QU

El dígrafo LL y la letra Y

Las letras M y N

La letra X

La letra R y el dígrafo RR

Las letras D, P, B y W

Casos especiales

Los números

Apéndices

Índice alfabético de materias

ORTOGRAFÍA DEL DÍGRAFO *LL* Y DE LA LETRA *Y*

La letra *ll* (*callar, lluvia, belleza*) representa en la lengua un sonido diferenciado del sonido representado por la letra *y* (*yate, ayuda, ayer*). Sin embargo, desde el punto de vista de la **ordenación alfabética**, a partir de 1994, la Academia considera la secuencia *ll* como un **dígrafo** (suma de dos letras que representan un solo sonido); es decir, las palabras con *ll* deben aparecer en el diccionario entre las palabras escritas con *li* y las escritas con *lo*. Cuando el dígrafo *ll-* es inicial de una palabra que debe escribirse con mayúscula, sólo se escribe como tal el primero de los dos componentes del dígrafo: *María Llanos, no *María LLanos; Llobregat, no *LLobregat.*

REGLAS ÚTILES PARA LA *LL*

• Se escriben con *ll* las palabras que acaban en *-illa, -illo* y *-ullo*:

    mesilla, monaguillo, arrullo.

    Las excepciones más comunes a esta regla son: *cuyo* (a), *suyo* (a), *tuyo* (a).

• Se escriben con *ll* los verbos cuyo infinitivo acaba en *-illar, -ellar, -ullar* y *-ullir*:

    maquillar, atropellar, aullar, engullir.

Un **monaguillo** es un niño que ayuda en misa y hace otros servicios en la iglesia.

LA LETRA *Y*

La letra *y* puede representar dos sonidos distintos:

• Sonido **consonántico** (en posición inicial o interior de palabra). Ejemplos: *yunque, ensayar, subrayar, bayeta.*

• Sonido **vocálico** como el de la *i* (en posición final de palabra). Ejemplos: *doy, voy, yóquey, jersey, Paraguay.*

Se escriben con *y* todas las palabras acabadas en el sonido vocálico *i*, cuando va precedido de una vocal con la que forma diptongo o triptongo. Ejemplos: *rey, buey, ley, convoy, carey.*

Tardé más de una semana en tejer el jersey, pero la verdad es que valió la pena. ¡Quedó estupendo!

Las palabras *hierba* y *hiedra* pueden escribirse también *yerba* y *yedra* respectivamente (aunque la norma prefiere *hierba* y *hiedra*). Esta alternancia no se extiende, sin embargo, a las palabras de la familia léxica de *hierba* (*hierbajo, hierbabuena*), ni a otras palabras que comienzan por *hie-* (*hielo, hiel...*).

Los esguinces de tobillo no son graves, pero requieren una lenta recuperación.

Era imprescindible pasar por el maquillador antes del programa.

Los mejillones tienen muchas propiedades alimenticias.

Aquella noche los perros aullaron de un modo especial.

La playa adquiría un color gris nacarado al atardecer.

Juan estaba muy contento porque hacía de monaguillo en la misa de las doce.

Samuray es una palabra de origen japonés. En el antiguo sistema feudal japonés, un samuray es un individuo perteneciente a una clase inferior de la nobleza, constituida por militares.

Yóquey es una palabra de origen inglés. Un yóquey es un jinete profesional de carreras de caballos.

EL YEÍSMO

La *ll* y la *y* representan sonidos diferentes. Por lo tanto, debería bastar la pronunciación para distinguir entre una y otra grafía. Sin embargo, muchos hablantes las confunden al hablar, y esta confusión provoca dudas ortográficas al escribir. La pronunciación de la *ll* como si fuera *y* se denomina *yeísmo*, y es frecuente en algunas regiones del habla castellana: "cabayo" por caballo. En algunas zonas de Latinoamérica, concretamente Argentina y Uruguay, pronuncian esta *ll*, no ya como *y* sino como [j], sonido que no tiene el español.

RECUERDA

Al final de palabra, el sonido [i] precedido de vocal se escribe *i* cuando recae sobre él el acento: *reí, caí*. Si el acento recae sobre la vocal anterior, se escribe *y*: *rey, soy, convoy*.

REGLAS ÚTILES PARA LA *Y*

• Se escriben con *y* todas las formas verbales que contienen la secuencia *y* + **e**, **o**, si su infinitivo no tiene *ll* ni *y*:

oír → *oyendo, oyó...*

creer → *creyente, creyéramos...*

• Se escriben con *y* las formas verbales cuyo infinitivo acaba en **-uir**:

huir → *huyó, huyéramos...*

concluir → *concluyó, concluyeseis...*

• Se escribe *y* detrás de los prefijos **ad-**, **dis-** y **sub-**:

ady**acente, dis**y**unción, sub**y**ugar.**

cayó

calló

En las zonas de habla castellana en las que hay hablantes yeístas se pronuncia igual *cayó/calló, haya/halla, rayar/rallar.*

haya

halla

rayar

rallar

inyectar, inyección

proyectar, proyección

Se escriben con *y* las palabras que tienen la sílaba **-yec-**: in*yec*tar, in*yecc*ión; pro*yec*tar, pro*yecc*ión.

Ayer **leí** un libro.

Lo prohíbe la **ley**.

LEY/LEÍ; REY/REÍ; HOY/OÍ; HUÍ/¡HUY!

En las palabras que aparecen a continuación, la colocación del acento implica, automáticamente, un cambio de significado:

- Ayer **leí** un libro.
- Lo prohíbe la **ley.**

- El **rey** ha hablado por sus súbditos.
- Me **reí** mucho de sus chistes.

- **Hoy** no llueve.
- **Oí** una explosión muy grande.

- Al verlo, **huí** corriendo.
- ¡**Huy**, qué susto me has dado!

Hoy no llueve.

Oí una explosión muy grande.

El **rey** ha hablado por sus súbditos.

Me **reí** mucho de sus chistes.

Al verlo, **huí** corriendo.

¡**Huy**, qué susto me has dado!

PLURAL DE LAS PALABRAS ACABADAS EN *Y*

Las palabras acabadas en -*y* pueden formar el plural de dos maneras:

• Se añade -**es** y la *y* se convierte en una consonante:

ley → *le**yes***

ay → *a**yes***

buey → *bue**yes***

• Se añade -**s** y la *y* se convierte en **i**:

jersey → *jers**éis***

póney → *pone**is***

yóquey → *yoque**is***

Para las palabras *póney* y *yoquey* se utilizan también los plurales *póne**ys*** y *yóque**ys***.

Verbos como *restituir*, *constituir*, *concluir* tienen también *y* en el gerundio: *restitu**y**endo*, *constitu**y**endo* y *conclu**y**endo*, respectivamente.

Un *póney* es el nombre que se da a determinados caballos de raza de poca altura. En el diccionario académico podemos encontrar las formas *póney* y *poni*.

FORMAS DEL GERUNDIO

Ir	La forma del gerundio del verbo *ir* es *yendo*; no se debe escribir **iendo* ni **llendo*.
Proveer	La forma del gerundio del verbo *proveer* es *proveyendo*. No debe confundirse con el gerundio de *prever* (pre+ver), que es *previendo*.

PALABRAS HOMÓFONAS CON *LL* Y CON *Y*

Como ya hemos dicho en ocasiones anteriores, las palabras homófonas son aquellas que se pronuncian igual pero se escriben de forma diferente y tienen distinto significado.

Éstos son algunos ejemplos de palabras homófonas con *ll* y con *y*:

arrollo / arroyo

Arrollo: forma del verbo arrollar. Ejemplo: *Casi te arrollo con el coche esta mañana*.

Arroyo: riachuelo. Ejemplo: *Bebí agua del arroyo*.

callado / cayado

Callado: participio del verbo callar. Ejemplo: *No ha callado en toda la hora*.

Cayado: bastón. Ejemplo: *El viejo se apoyaba en un cayado para andar*.

haya / aya / halla

Haya: forma del verbo haber. Ejemplo: *Ojalá haya hecho el trabajo de Química*.

Haya: tipo de árbol. Ejemplo: *El haya es propia de climas húmedos*.

Aya: niñera. Ejemplo: *El aya se encargará de cuidar del niño*.

Halla: forma del verbo hallar. Ejemplo: *Luis no halla la forma de solucionar el problema*.

LA FRUSTRACIÓN DE LA CANGURO YOLI

Era una lectora incansable que dedicaba a los libros todos sus ratos libres. Le apasionaban las historias inverosímiles de personajes valientes, atrevidos y nobles que recorrían países desconocidos para rescatar princesas, matar dragones, castigar a perversos espíritus que arrebataban tiernos bebés de los brazos de sus *ayas*...

Sí, las *ayas*, ¡qué nombre más suave y sonoro! Era sencillo, armonioso, breve y fácil de pronunciar: *aya, aya, aya*... Pero este nombre aparecía únicamente en historias de lejanos tiempos. ¡Cuánto le hubiera gustado que los niños la llamaran así! Yoli era una simple canguro que cuidaba y quería a los niños, una canguro cariñosa y alegre a quien habría hecho feliz que la llamaran *aya* como en las historias que tanto le gustaban.

aya

El automóvil arrolló a la vaca cuando cruzaba la carretera.

río   arroyo

Los excursionistas se sentaron a descansar junto al arroyo.

MÁS PALABRAS HOMÓFONAS CON *LL* Y CON *Y*

Aclaración: en zonas donde **no** hay **yeísmo** éstas palabras no son homófonas sino **parónimas**, es decir, se pronuncian de forma parecida, pero no se escriben igual.

He aquí más ejemplos de homófonas:

hulla / huya

> *Hulla*: clase de carbón. Ejemplo: *De aquella mina, todavía se extrae hulla.*

> *Huya*: forma del verbo huir. Ejemplo: *¡Que no huya nadie: todo era una broma!*

malla / maya

> *Malla*: red. Ejemplo: *Metieron las naranjas en una malla de plástico.*

> *Malla*: prenda de vestir. Ejemplo: *El bailarín llevaba puesta una malla.*

> *Maya*: antiguo pueblo americano. Ejemplo: *Miguel es un representante del pueblo maya.*

rallo / rayo

> *Rallo*: forma del verbo rallar. Ejemplo: *Si rallo la cebolla, me pondré a llorar.*

> *Rayo*: chispa eléctrica atmosférica. Ejemplo: *El rayo cayó sobre aquel árbol.*

> *Rayo*: línea de luz. Ejemplo: *Entra un rayo de sol por la ventana.*

> *Rayo*: forma del verbo rayar. Ejemplo: *Si rayo el parqué es sin querer.*

valla / vaya / baya

> *Valla*: línea de estacas o de tablas. Ejemplo: *Yo no puedo saltar esta valla tan alta.*

> *Vaya*: forma del verbo ir. Ejemplo: *Tal vez esta tarde vaya al río.*

> *Baya*: clase de fruto. Ejemplo: *¿Sabías que el tomate es una baya?*

payaso

El relato sagrado Popol Vuh está considerado la Biblia de los **mayas**.

El niño intenta saltar la **valla**.

La **hulla** se extrae en la mina a gran profundidad.

→ *Maya* también puede ser nombre de mujer.

VOCABULARIO ORTOGRÁFICO *LL*

allá	caballero	estrella	paella
allí	cabello	folleto	pellizcar
apellido	callar	galleta	pollo
ardilla	calle	gallina	rollo
avellana	cebolla	gallo	sello
ballena	chillar	huella	silla
batalla	cordillera	ladrillo	tallo
bello /-lla	cremallera	medalla	toalla
billete	cuello	muralla	valla
bollo	desarrollar	olla	valle
bullicio	detalle	orgullo	vello
caballo	enrollar	pabellón	villa

La grosella tiene las **bayas** de color rojo.

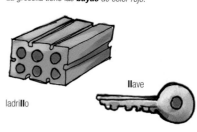

ladrillo

llave

VOCABULARIO ORTOGRÁFICO *Y*

apoyar	haya	payaso
arroyo	hoy	playa
ayer	hoyo	proyecto
ayudar	inyección	raya
ayuntamiento	jersey	rayar
bayeta	joya	rayo
boya	ley	rey
buey	leyenda	subrayar
convoy	mayo	suyo /-a
desayunar	mayor	trayecto
desmayarse	mayúscula	tuyo /-a
ensayar	muy	¡uy!
ensayo	oyente	¡vaya!
escayola	papagayo	voley

VOCABULARIO ORTOGRÁFICO

LL inicial		*Y* inicial	
llamar	llegar	ya	yerno
llano /-a	llenar	yacimiento	yeso
llanto	llevar	yate	yodo
llanura	llorar	yegua	yogur
llave	llover	yema	yugo

yogur

ORTOGRAFÍA DE LAS LETRAS *M*, *N*

Las letras *m* y *n* corresponden a sonidos diferenciados. Se les denomina **consonantes nasales**, porque al pronunciarlas el aire sale a la vez por la boca y por la nariz. A la hora de escribirlas suelen aparecer dudas ya que en posición final de sílaba y delante de consonante se pronuncian igual: *cambio / tranvía, empezar / enfermo, completo / concierto*. Estos dos sonidos pueden aparecer juntos en grupos como -*mm*-, -*mn*-, -*nm*- y -*nn*-. Por lo tanto, deberemos tener en cuenta las principales reglas de uso de *m* y *n*.

REGLAS ÚTILES SOBRE LA *M* Y LA *N*

- Se escribe *m* ante las consonantes **b** y **p**:

    *tem**b**lar, em**p**atar, ram**p**a, im**p**ermeable, am**b**icioso, com**b**ustible.*

- Se escribe *n* ante la consonante **v**:

    *con**v**idar, in**v**estigar, en**v**ase, in**v**ierno, con**v**encer, in**v**adir.*

Excepciones: algunas palabras de origen extranjero que no han sido recogidas en el Diccionario de la Real Academia, así como algunos nombres propios no castellanos, tienen *n* antes de **b** o **p**:

Input, Gutenberg, Hartzenbusch, Rosenblat.

Omnisciente significa que lo conoce todo. Viene de las raíces latinas *omnis* "todo" y *scio* "conocer".

SE ALEJA EL TEMPORAL

Tenemos un fuerte *anticiclón* situado al *noroeste* de *Irlanda* que *mantendrá* las *presiones relativamente* altas *en* el *extremo occidental* de la *Península* y *Canarias*. Hay *una* fuerte borrasca sobre el sudeste de *Francia*, reforzada por *una masa* fría que *mantendrá* la *atmósfera en una situación* de *inestabilidad*. Al *mediodía un frente* frío estará sobre los *Pirineos* y el *Cantábrico*, que sólo afectará a la *mitad norte*.

Así pues, el *tiempo en general* seguirá *inestable, con* predominio de los cielos *muy nubosos* o cubiertos y *con* riesgo de *alguna tempestad* de *nieve en* altitudes superiores a los 1.400 *metros*. Los *vientos* soplarán *moderados. En cuanto* a las *temperaturas*, se *mantendrán sin grandes cambios.*

*I**n**for**m**ación **m**eteorológica*

PARTICULARIDADES DE LAS LETRAS *M* Y *N*

Las **palabras prefijadas** o **compuestas** que llevan -*n* final en el primer componente convierten la *n* en *m* si el segundo componente empieza por **p**- o **b**-:

cien + pies → *cie**m**piés.*

in + practicable → *i**m**practicable.*

con + padecer → *co**m**padecer.*

Sin embargo, cuando la siguiente palabra empieza por **v**- se mantiene la *n*:

in + variable → *i**n**variable.*

con + vivir → *co**n**vivir.*

en + vej-ec-er → *e**n**vejecer.*

*Gutenberg i**n**ventó la i**m**prenta hacia el año 1440.*

LOS GRUPOS -*MM*-, -*MN*-, -*NM*- Y -*NN*-

En algunas palabras podemos ver combinadas las letras *m* y *n* (-*mm*-, -*mn*-, -*nm*-, -*nn*-). Estos grupos consonánticos suelen relajarse en la pronunciación y, por esta razón, se producen a veces dificultades en la escritura. Ejemplos:

Grupo -*mm*-

*ga**mm**a, ga**mm**aglobulina, E**mm**a.*

Grupo -*mn*-

*sole**mn**e, alu**mn**o, hi**mn**o, inso**mn**io, o**mn**isciente, colu**mn**a.*

Grupo -*nm*-

*i**nm**ediato, co**nm**emorar, i**nm**adurez.*

Grupo -*nn*-

*i**nn**oble, i**nn**ato, co**nn**otación.*

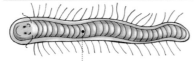

ciempiés

LA LETRA -*M* AL FINAL DE PALABRA

Al final de palabra se escribe siempre *n*: *balón*, *examen*. Sin embargo, en algunas palabras procedentes de otras lenguas, y muy especialmente en determinados latinismos (palabras tomadas del latín), se escribe *m*:

álbum, *currículum*, *Islam*, *mare mágnum*, *referéndum*, *tedéum*, *ultimátum*, *tótem*, *film*.

Las formas *currículum* y *referéndum* pueden escribirse también en la forma castellanizada: *currículo*, *referendo*.

*Esto no es una habitación, es un **m**are má**g**nu**m**.*

*El tedéu**m** es un cántico eclesiástico de acción de gracias.*

*Un tóte**m** es un objeto de la naturaleza, normalmente un animal, que en la mitología de algunas sociedades se toma como emblema protector de la tribu.*

*Estos bom**b**o**n**es están buenísimos.*

VOCABULARIO ORTOGRÁFICO

MB		MP	
alambre	embustero	acompañar	romper
alfombra	embutido	campana	siempre
alumbrar	escombro	compañero	simpático /-a
ambiente	gamba	compensar	simple
ambulancia	hembra	competir	tampoco
bombero	hombre	desamparado	temperatura
bombón	hombro	empeorar	tiempo
cambio	lumbre	emplear	tímpano
derrumbar	membrillo	imprenta	trampa
diciembre	rombo	limpio	trompa
embestir	rumbo	olímpico	trompeta

*En la co**nm**emoración del 50º aniversario de la Unión Europea sonó el hi**mn**o europeo y los eurodiputados lo celebraron de forma sole**mn**e.*

¿*TRANS-* O *TRAS-*?

La presencia o no de la *n* en el prefijo *trans-* /*tras-* provoca con frecuencia dudas ortográficas. Pueden ocurrir tres cosas: que la *n* sea necesaria, que la *n* no deba aparecer o que pueda escribirse trans- o tras-:

Trans-	*Tras-*	¹*Trans-* o *tras-*
*trans*acción	*tras*luz	*trans*atlántico (o trasatlántico)
*trans*ición	*tras*nochar	*trans*bordo (o trasbordo)
*trans*eúnte	*tras*pasar	*tras*cencental (o transcencental)
*trans*igir	*tras*paso	*trans*cribir (o trascribir)
*trans*itar	*tras*plantar	*trans*currir (o trascurrir)
*trán*sito	*tras*to	*trans*ferencia (o trasferencia)
*trans*itorio	*tras*tocar	*trans*figurarse (o trasfigurarse)
	*tras*tienda	*trans*formar (o trasformar)
		*trans*fusión (o trasfusión)
		*trans*gredir (o trasgredir)
		*trans*mitir (o trasmitir)
		*trans*parente (o trasparente)
		*trans*pirar (o traspirar)
		*trans*portar (o trasportar)
		*tras*vase (o transvase)
		*trans*versal (o trasversal)

Trasvasar significa trasladar algún líquido de un lugar para verterlo en otro. Normalmente se habla del *trasvase* de un río.

↑

¹ (son posibles las dos pero se prefiere la primera)

*La natación es un deporte olí**mp**ico.*

ORTOGRAFÍA DE LA LETRA *X*

La letra *x* representa, históricamente, los sonidos [ks]. Sin embargo, en la lengua oral, habitualmente se pronuncia como [gs] cuando aparece en posición intervocálica o al final de palabra, y como [s], cuando va delante de consonante o está en posición inicial. La *x* puede aparecer, por tanto, en distintas posiciones: entre vocales (*taxi, axila*); en posición final de palabra (*clímax, sílex*); ante una consonante (*externo, extranjero*); en posición inicial de palabra (*xilófono, xenofobia*). Su pronunciación ante consonante o en posición inicial, habitualmente como *s*, hace que se produzcan a veces confusiones en la escritura entre *s* y *x*.

OTRA REPRESENTACIÓN DEL SONIDO DE LA *X*

Los sonidos [ks], que representa la letra *x* en la pronunciación esmerada, aparecen también en algunas palabras representados por la secuencia -**cs**-:

fu**cs**ia, fa**cs**ímil, fa**cs**imilar.

Un *facsímil* es una perfecta reproducción o imitación de una firma, un texto, dibujo, impreso, etc.

Edición *facsímil* del *Beato de Liébana* que contiene comentarios al Apocalipsis.

La *x* aparece también en algunas palabras como arcaísmo gráfico (es decir, como una letra muy antigua) representando el mismo sonido que la letra *j*. Es el caso de *México* - [méjico], *Texas* - [téjas].

VOCABULARIO ORTOGRÁFICO

auxilio	*exilio*	*extenuado*
claxon	*eximir*	*extenso*
conexión	*existir*	*exterior*
exacto	*éxito*	*extinguir*
exagerar	*éxodo*	*extravagante*
excepción	*exótico*	*extraviar*
exceso	*expansión*	*exuberante*
excitar	*expectación*	*flexible*
excluir	*expectativa*	*galaxia*
excremento	*expediente*	*homosexual*
excusa	*experiencia*	*inexplicable*
exento	*explosión*	*intoxicación*
exhalar	*explotación*	*léxico*
exhaustivo	*exportar*	*máximo*
exhausto	*exposición*	*mixto*
exhibir	*expresar*	*óxido*
exhibición	*expulsar*	*oxígeno*
exhortar	*exquisito*	*próximo*
exigir	*extender*	*reflexión*
sexto	*sintaxis*	*taxi*
tórax	*tóxico*	*taxímetro*

REGLAS ÚTILES PARA LA *X*

• Se escriben con *x* las palabras que empiezan por los prefijos **ex-** (fuera de; privación), **extra-** (fuera de):

excéntrico, **ex**portar, **ex**traordinario, **extra**oficial.

• Se escriben con *x* las palabras que empiezan por la sílaba *ex* seguida del grupo -**pr**-:

expresión, **ex**primir, **ex**preso.

• Se escriben con *x* las palabras que empiezan por los elementos que forman palabras compuestas **xeno**- (extranjero), **xero**- (seco) y **xilo**- (madera):

xenofobia, **xero**copia, **xilo**grafía.

Xenofobia significa "odio a lo extranjero".

FAMILIAS DE PALABRAS CON *S* Y CON *X*

Muchas palabras que se escriben con *s* o con *x* en castellano no siguen ninguna regla; por tanto, debemos consultar el diccionario para saber con qué letra se escriben. Sin embargo, en muchos casos se puede acudir a las familias de palabras para recordar si una palabra se escribe con *s* o con *x*. Por lo general, cuando una palabra se escribe con *s* o con *x*, todas las demás pertenecientes a su familia léxica se escriben igual:

asfixia: asfixiar, asfixiante, asfixiado...
expectante: expectativa, expectación...

- Familias de palabras con *s*:

   espectador: espectáculo, espectacular...
   espléndido: esplendor, esplendoroso...
   estreñir: estreñimiento, estreñido...

- Familias de palabras con *x*:

   excusa: excusable, excusar, inexcusable...
   exhibir: exhibición, exhibicionismo...
   extinguir: extinción, inextinguible...

boxeador   saxofón

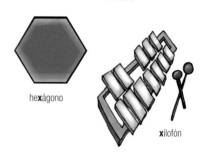

extintor   excavadora

hexágono   xilofón

HOMÓFONAS CON *S* Y *X*

contesto / contexto

Contesto: forma del verbo contestar. Ejemplo: *Si no te contesto es porque no lo sé.*

Contexto: lo que rodea (en lo lingüístico o ambiental) a un texto. Ejemplo: *No saques mis palabras de contexto.*

esotérico / exotérico

Esotérico: oculto, misterioso. Ejemplo: *Han puesto una librería esotérica aquí al lado.*

Exotérico: común, corriente, asequible a todos. Ejemplo: *Sus teorías son completamente exotéricas.*

espiar / expiar

Espiar: observar con disimulo, acechar. Ejemplo: *No te dediques a espiar detrás de las puertas.*

Expiar: pagar un delito o culpa, sufrir condena. Ejemplo: *Su arrepentimiento hizo que quisiera expiar sus culpas.*

espirar / expirar

Espirar: expulsar el aire al respirar. Ejemplo: *Inspiró durante unos segundos y esperó un poco para espirar.*

Expirar: morir, fallecer. Ejemplo: *El enfermo expiró de madrugada.*

estático / extático

Estático: parado, inmóvil. Ejemplo: *La imagen del vídeo se ha quedado estática.*

Extático: que está en éxtasis, embelesado. Ejemplo: *La escultura representa a un monje extático.*

estirpe / extirpe

Estirpe: linaje, casta. Ejemplo: *Desciende de una ilustre estirpe.*

Extirpe: forma del verbo extirpar (arrancar). Ejemplo: *Es necesario que un especialista te extirpe el quiste.*

laso / laxo

Laso: cansado, sin fuerzas. Ejemplo: *Llegó de la carrera laso y se quedó dormido.*

Laxo: flojo, relajado. Ejemplo: *Tus principios morales son demasiado laxos.*

seso / sexo

Seso: cerebro. Ejemplo: *Esas palabras indican que tienes poco seso.*

Sexo: condición orgánica que distingue al macho de la hembra. Ejemplo: *Con esta ecografía sabremos el sexo del bebé.*

PALABRAS CON *S* QUE SE CONFUNDEN CON FRECUENCIA

anestesia	estrafalario	estructura
aspirar	estrago	estruendo
escéptico	estrangular	estrujar
espectacular	estrategia	estupefacto
espectador	estrato	estupendo
espectro	estratosfera	estupor
espléndido	estremecer	síntesis
esplendor	estrépito	estirar
espontaneidad	estricto	estridente

Si tenemos un perro debemos ser respetuosos con los demás y recoger sus excrementos de la vía pública.

Los expedicionarios emprenden el camino que les llevará a la cumbre.

ORTOGRAFÍA DE LA LETRA *R* Y DEL DÍGRAFO *RR*

La *r* tiene dos sonidos en castellano: simple (*caro*) y otro más fuerte en el que se convierte en vibrante múltiple (*carro*).

El sonido suave, *ere*, se representa siempre por la *r*: *azucarero, moreno*. El sonido fuerte, *erre*, se representa por *r* o *rr*: *racimo, socorro*.

REGLAS ÚTILES CON LA *R* Y EL DÍGRAFO *RR*

- Se escribe *r* con sonido fuerte al principio de palabra. Ejemplos:

  ratón, recreo, roble.

- Se escribe *rr* con sonido fuerte en el interior de palabra y entre vocales. Ejemplos:

  ahorrar, hierro, carro.

- Se escribe *r* con sonido fuerte en el interior de palabra detrás de las consonantes *n, l, s*. Ejemplos:

  sonreír, alrededor, israelí.

- Se escribirá *rr* en las palabras compuestas cuyo segundo elemento empieza por *r*. Ejemplos:

  vicerrector, pelirrojo, pararrayos.

PARECIDAS, PERO NO IGUALES

careta	carreta	hiero	hierro
caro	carro	moro	morro
cero	cerro	para	parra
coro	corro	pera	perra
encerar	encerrar	pero	perro
enterar	enterrar	vara	barra

La *r* no se duplica cuando la palabra compuesta lleva guion entre sus componentes. Ejemplo: *hispano-romano.*

pizarra   resta   error   borrador   compañero

LISTA DE ANTÓNIMOS

real	irreal	respetuoso	irrespetuoso
reconocible	irreconocible	respirable	irrespirable
recuperable	irrecuperable	responsable	irresponsable
reflexivo	irreflexivo	reverente	irreverente
regular	irregular	revocable	irrevocable

FORMACIÓN DE VERBOS A PARTIR DEL SUSTANTIVO

carro	acarrear	riesgo	arriesgar
corro	acorralar	rollo	enrollar
perra	emperrarse	rosca	enroscar
red	enredar	terror	aterrorizar

TRABALENGUAS

El perro de San Roque no tiene rabo porque Ramón Rodríguez se lo ha cortado.

Tres tristes tigres comen trigo en un trigal.

Para conseguir el antónimo o contrario de algunas palabras basta con poner el prefijo *in-* delante de éstas; pero cuando la palabra que vamos a negar o de la que vamos a decir su contrario empieza con *r-*, en lugar de *in-* se pone *ir-*.

Introducción

Signos de
puntuación

Acentuación

Las
mayúsculas

Abreviaturas

Las letras
B y V

Las letras
H, G y J

Las letras
C, Z, K y
el grupo QU

El dígrafo LL
y la letra Y

Las letras
M y N

La letra X

**La letra R y el
dígrafo RR**

Las letras
D, P, B y W

Casos
especiales

Los números

Apéndices

Índice
alfabético
de materias

PALABRAS COMPUESTAS CON EL DÍGRAFO *RR*

auto**rr**etrato	contra**rr**estar
infra**rr**ojo	para**rr**ayos
anti**rr**obo	guarda**rr**opa
mono**rr**aíl	turbo**rr**eactor

El prefijo **re-** indica repetición y hay muchos verbos que se forman con él. Sin embargo, también hay muchos otros que empiezan por **re-** sin que signifiquen repetición.

re	hacer	re	gar
	nacer		sistir
	pasar		zar
	absorber		alizar
	accionar		bañar
	afirmar		bosar
	alquilar		ferir
	cargar		buznar
	ciclar		cetar
	coger		cibir
	conocer		dimir
	generar		dondear
	insertar		ducir

Se arriesga.

Se enredaron.

El "corro de la patata...".

*Algunos para**rr**ayos han tenido que ser sustituidos por no cumplir la normativa.*

Rebañar no quiere decir volver a bañar o bañarse, sino aprovechar los restos que quedan en un plato.

NOMBRES, PROPIOS CON R

♂	♂	♀
Ramiro	**R**oberto	**R**emedios
Ramón	**R**ogelio	**R**amona
Raúl	**R**omán	**R**aquel
Remigio	**R**odrigo	**R**osa
Ricardo	**R**oque	**R**osario
Rigoberto	**R**ubén	**R**uth

*Nos dimos un paseo con el tren mono**rr**aíl.*

EL VERBO ERRAR

Indicativo		Subjuntivo	
Presente		**Presente**	
yerro	erramos	yerre	erremos
yerras	erráis	yerres	erréis
yerra	yerran	yerre	yerren

Imperativo	
Presente	
yerra (tú)	
yerre (él, ella, usted)	
errad (vosotros)	
yerren (ellos, ellas, ustedes)	

REFRANES

Errando errando, no supe ir a una calle y ya sé ir a cuatro.

El verbo **errar** tiene dos significados: el de **equivocarse** y el de **vagar**, andar sin rumbo fijo.

***R**etrato del poeta nicaragüense **R**ubén Darío.*

RECUERDA

La **rr** es doble por su figura, pero representa un fonema único, y como la **ll**, debe estar indivisa en la escritura.

ORTOGRAFÍA DE LA LETRA *D*

La letra -*d* al final de palabra suele confundirse, en una pronunciación no demasiado cuidada, con la *z*: "ustez" por usted, "verdaz" por verdad. No obstante, en la lengua culta estándar se pronuncia una -*d* relajada al final de palabra. También aparece la -*d*- en posición intervocálica: *agotado, pensado*. La -*d*- al final de sílaba tiene a veces distintas pronunciaciones según las zonas geográficas: *advertir, readmitir*.

*El agua es la mejor bebida cuando tenemos mucha **sed**.*

REGLAS ÚTILES CON LA *D*

- Se escriben con -*d* final todos los sustantivos y adjetivos cuyo plural termina en -**des**:

  pared (plural pare**des**)
  red (plural re**des**)
  huésped (plural huéspe**des**)
  ciudad (plural ciuda**des**)

- Se escriben con -*d* final todos los imperativos de la segunda persona del plural:

  *espera**d** corre**d** sali**d***
  *toma**d** volve**d** subi**d***

- Se escribe -*d*- al final de sílaba:

  *a**d**vertir rea**d**mitir*

RECUERDA

Es incorrecto utilizar una forma acadaba en -r para la segunda persona del plural del imperativo tanto en la pronunciación como en la escritura.Gramaticalmente se emplea la consonante -d.

Callad, no **callar*

Bebed, no **beber*

Unid, no **unir*

*Éste será un año inmejorable para el cultivo de la **vid**.*

VOCABULARIO ORTOGRÁFICO

abad	*verdad*	*oportunidad*	*profundidad*	*inmensidad*
enfermedad	*amplitud*	*voluntad*	*césped*	*suciedad*
maldad	*eternidad*	*brevedad*	*identidad*	*dificultad*
usted	*necesidad*	*habilidad*	*proximidad*	*inquietud*
actividad	*vid*	*oscuridad*	*ciudad*	*tempestad*
esclavitud	*antigüedad*	*vulgaridad*	*igualdad*	*edad*
mitad	*generosidad*	*calidad*	*salud*	*juventud*
velocidad	*novedad*	*huésped*	*contabilidad*	*tranquilidad*
agilidad	*virtud*	*pared*	*infinidad*	*electricidad*
especialidad	*bondad*	*cavidad*	*sed*	*longitud*
multitud	*gravedad*	*humedad*	*cualidad*	*universidad*

*Ser e**d**uca**d**o es un hábito básico para la buena convivencia.*

*Llegó cansa**d**o después del largo recorrido.*

En los participios, los adjetivos y los sustantivos acabados en -*ado* se produce una relajación en la pronunciación:

educado, pronunciado a veces [educáo]
cansado, pronunciado a veces [cansáo]
apartado, pronunciado a veces [apartáo]

*Durante el recreo, Max permaneció aparta**d**o de sus compañeros.*

LAS LETRAS *P* Y *B* AL FINAL DE SÍLABA. LA *T* Y LA *W*

La **p** y la **b** tienden a confundirse cuando aparecen en posición final de sílaba, especialmente en los grupos **ab** / **ap**, **ob** / **op**. No hay reglas para saber cuándo se escribe una grafía u otra. Por tanto, es muy importante que, además de observar la diferencia de pronunciación (**ob**tener/**op**timista), ejercites la memoria visual o auditiva.

Introducción

Signos de puntuación

Acentuación

Las mayúsculas

Abreviaturas

Las letras B y V

Las letras H, G y J

Las letras C, Z, K y el grupo QU

El dígrafo LL y la letra Y

Las letras M y N

La letra X

La letra R y el dígrafo RR

Las letras D, P, B y W

Casos especiales

Los números

Apéndices

Índice alfabético de materias

P/B AL FINAL DE SÍLABA

Son muchas más las palabras que empiezan por **ab**-, **ob**- que las que empiezan por **ap**-, **op**-:

absorber	**ap**titud	**ob**stinado
obsesión	**ob**vio	**óp**tica
optativo	**ob**strucción	**ab**stenerse
óptimo	**ab**surdo	**op**tar
abdomen	**ob**sesión	**op**timismo
obtuso	**ob**turar	**ob**tuso
opción	**ap**to	**ab**stracto

T- AL FINAL DE SÍLABA

La **t** puede aparecer tanto en posición final de sílaba como en posición final de palabra:

t final de sílaba	*t* final de palabra
atleta	accésit
etcétera	complot
ritmo	fagot
Atlántico	robot
etnia	argot
atlas	hábitat
atmósfera	boicot
etnológico	mamut
étnico	test

No me gusta tu comportamiento, creo que tu **actitud** no es la más acertada.

A pesar de tener **aptitudes** suficientes para desempeñar el cargo, no tiene la experiencia suficiente. Lo sentimos mucho.

robot   atleta   mamut   fagot

→ A pesar de que se parecen mucho, su significado cambia: nos referimos a las formas *actitud* y *aptitud*. La **aptitud** se refiere a la capacidad, a la habilidad o a las cualidades que uno tiene para algo; la **actitud**, en cambio, es la disposición, la manera de ser o de comportarse.

ALGUNAS CUESTIONES SOBRE LA *W*

En las palabras que han sido totalmente incorporadas al idioma, la Real Academia Española ha cambiado la **w** por una **v**. Ejemplos:

váter, del inglés *water*.

vagón, del francés *wagon*.

Sin embargo, palabras como **w**alkie-talkie, **w**aterpolo, **w**indsurf, **w**alkman, **w**estern y **w**eb conservan la letra **w**.

↓ La mayoría de palabras que acaban en *t* proceden de otras lenguas.

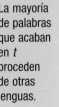

windsurf

ESCRITURA DUDOSA Y EXTRANJERISMOS

La lengua española tiene una serie de palabras o grupos léxicos que frecuentemente nos causan duda o confusión al escribirlos. Esta dificultad viene dada porque muchas de ellas admiten dos maneras de escribirse –juntas o separadas–, pero además algunas varían su significado al escribirse de una u otra forma. Un grupo de palabras de las que estamos hablando tienen contenido gramatical y son de uso muy habitual; es por lo que debemos aprenderlas muy atentamente.

Querría conocer mi **porvenir**.

¿Por qué temes lo que aún está **por venir**?

Enseguida (en seguida) lo comprenderás.

Quienquiera que fuera, me ha enseñado que he de confiar en mí.

Las palabras señaladas pueden presentarnos dificultades. Muchas cambian su significado al escribirse juntas o separadas.

EL REY QUE TENÍA MIEDO A SU PORVENIR

Érase una vez un rey bueno, pero temeroso que quería conocer su **porvenir**. Había llegado a sus oídos el rumor de que cuando cumpliera los treinta años alguien intentaría usurpar su trono. El pobre rey no podía dormir pensando en un **sinfín** de preocupaciones y angustias por los **sinsabores** del diario **quehacer** oficial. Además comía **tan poco** y **a menudo** se sentía tan abatido que sus más fieles servidores empezaron a inquietarse por él, pero no conseguían averiguar nada sobre aquel rumor. Un día, de repente, se presentó en palacio un viejo anciano que vestía un **sobretodo** blanco que le llegaba a los pies y fue recibido **aparte** por el soberano.

– Majestad, he venido a deciros que pronto este reino tendrá otro rey.

El rey bueno pero temeroso se asustó muchísimo, **sobre todo** porque aquel anciano venía a confirmar sus temores.

– **Asimismo**, he de deciros que no deberíais tener tanto miedo de lo que todavía está **por venir**.

– **Quienquiera** que seas, no sé **acerca** de qué me hablas y cómo osas decir que tengo miedo.

– Yo conozco la verdad de los corazones buenos pero temerosos; por eso sé tu secreto.

El monarca miró **en torno** suyo y vio que sus criados habían desaparecido. El pavor se apoderó de él y entonces pareció verlo todo claro.

– La verdad es que tú me vas a quitar el trono –dijo de pronto el rey creyéndose en peligro.

– Eso no es una solución –respondió el anciano con intriga.

– ¿Cuál es pues tu solución?

– ¿Y **por qué** crees que yo tengo la solución? Tú eres la solución.

Entonces el anciano lo condujo **afuera** y le entregó un paquete; después se marchó **deprisa** (**de prisa**). El monarca se precipitó a abrirlo y vio que era un espejo. Se miró en él y se reconoció como un buen rey; a partir de aquel día perdió el miedo y fue para siempre un rey bueno, pero ahora, **también** valiente.

PALABRAS DE ESCRITURA DUDOSA

Palabras que tienen distintos valores gramaticales y significativos dependiendo de si van juntas o separadas.	Palabras que se pueden escribir juntas o separadas indistintamente y cuyo significado no cambia.
Tampoco (adverbio de negación); *tan poco* (locución adverbial).	*Enfrente* → *en frente* (adverbio de lugar).

PALABRAS O GRUPOS DE PALABRAS QUE VARÍAN SU SIGNIFICADO SEGÚN SE ESCRIBAN JUNTAS O SEPARADAS

abajo / a bajo	malentendido / mal entendido	sinfín / sin fin
abulto / a bulto	malpensado / mal pensado	sinnúmero / sin número
acerca de / a cerca de	maltratado / mal tratado	sinrazón / sin razón
aparte / a parte	medianoche / media noche	sinsabor / sin sabor
apenas / a penas	mediodía / medio día	sinvergüenza / sin vergüenza
debajo / de bajo	porque / por que	sobretodo / sobre todo
demás / de más	porqué / por qué	sino / si no
malcriado / mal criado	porvenir / por venir	también / tan bien
maleducado / mal educado	quienquiera / quien quiera	tampoco / tan poco

EJEMPLOS PARA DESPEJAR DUDAS

La mediateca está **abajo**.
Hoy la merluza está **a bajo** precio.

Creo que cabemos todos en el ascensor porque yo no **abulto** mucho.
A bulto diría que los asistentes a la manifestación no excedían los dos mil.

En la conferencia nos hablaban **acerca** de las tribus del Amazonas.
El sueldo de Juan asciende **a cerca** de 2.000 euros al mes.

Aparte de este tema, se trataron muchos otros.
El gol de Ronaldinho dividió **a parte** del público.

Apenas entra el abuelo, el pequeño rompe a llorar.
Le castigaron **a penas** muy duras en prisión.

He guardado las cajas **debajo** de la cama.
Trabajan mucho y **a bajo** coste.

Un amigo nunca está **de más**.
Por lo **demás** no tengo nada que decirle.

Esos niños son unos **malcriados**.
Pepe y Mari han **mal criado** a sus hijos.

Aquellos jovencitos me han parecido muy **maleducados**.
Juan está **mal educado**, habla sin ningún respeto a los demás.

La fiesta de cumpleaños empezará a **medianoche**.
Estuvimos caminando **media noche**.

El cambio de la guardia es a **mediodía**.
Trabajamos **medio día** y después volvimos a casa.

La pitonisa veía nuestro **porvenir** en una bola de cristal.
Lo mejor de las atracciones está **por venir**.

Nos explicó un **sinfín** de historias.
Esta carretera parece **sin fin**.

El trabajo tiene a veces muchos **sinsabores**.
Esta sopa está **sin sabor** alguno.

El **sobretodo** le llegaba a los pies.
Sobre todo no olvides el pasaporte.

El **sino** de los seres humanos es un misterio.
Si no viene, le iremos a buscar.

El nieto **también** se llama Jorge.
No sé si el examen me saldrá **tan bien** como a ti.

Yo **tampoco** pienso ir a la final de baloncesto.
Si sigue comiendo **tan poco**, deberá tomar unas vitaminas que le abran el apetito.

*La mediateca está **abajo**.*

*Hoy la merluza se puede comprar **a bajo** precio.*

Fíjate que todas las palabras aparecidas en la lista tienen la categoría gramatical de adverbio.

PALABRAS DE USO FRECUENTE QUE OFRECEN DUDAS PERO SE ESCRIBEN SIEMPRE JUNTAS

además (adv.)	anoche (adv.)
adentro (adv.)	aposta (adv.)
adrede (adv.)	encima (adv.)
afuera (adv.)	viceversa (adv.)
alrededor (adv.)	

GRUPO DE PALABRAS O EXPRESIONES QUE SE ESCRIBEN SIEMPRE SEPARADAS

a cuestas	a pesar de	de acuerdo	en fin
a deshora	a propósito	de frente	en medio
a gusto	a tiempo	de noche	o sea
a medias	a través	de pronto	sin embargo
a menudo	a veces	de repente	tal vez

adentro · afuera · alrededor · encima · viceversa
a medias · a través · de frente · en medio · de noche

Debemos prestar mucha atención a las palabras de escritura dudosa, que además son de uso frecuente.

Existen un grupo de latinismos de uso frecuente como cultismos que se escriben separadamente. Ejemplos: *ad hoc* (adecuado a), *a posteriori* (con posterioridad), *a priori* (con anterioridad), *ex cátedra* (con tono doctrinal).

Introducción

Signos de puntuación

Acentuación

Las mayúsculas

Abreviaturas

Las letras B y V

Las letras H, G y J

Las letras C, Z, K y el grupo QU

El dígrafo LL y la letra Y

Las letras M y N

La letra X

La letra R y el dígrafo RR

Las letras D, P, B y W

Casos especiales

Los números

Apéndices

Índice alfabético de materias

CONVERSACIÓN VERANIEGA

– ¡**Conque** os queríais ir a la playa!

– No pensábamos dejarte, pero ya éramos cinco y **con qué** íbamos a desplazarnos. Además tu madre nos dijo que tenías un trabajo para el lunes.

– Lo mejor para ir hasta la playa es el tren de cercanías. El autocar **con el que** yo me desplazo habitualmente hace demasiadas paradas; y en automóvil es imposible, porque si vamos en automóvil, significa que uno no cabe; y esa una no quiero ser yo.

Conque	Con que	Con qué
conjunción consecutiva	pronombre relativo	preposición + pronombre interrogativo o exclamativo

¿**Con qué** fin iban los cruzados a Tierra Santa?

COMPROBACIÓN DE LAS FORMAS *CONQUE/ CON QUE/ CON QUÉ*

Para comprobar de qué tipo de forma se trata, haremos las siguientes pruebas:

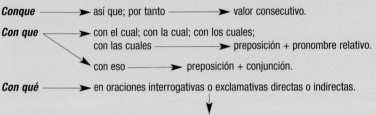

Conque → así que; por tanto → valor consecutivo.

Con que → con el cual; con la cual; con los cuales; con las cuales → preposición + pronombre relativo.
→ con eso → preposición + conjunción.

Con qué → en oraciones interrogativas o exclamativas directas o indirectas.
↓
Preposición + pronombre interrogativo o exclamativo.

Dónde	Donde	Adónde	Adonde	A donde
pronombre interrogativo o exclamativo de lugar:	adverbio de lugar:	adverbio de lugar en frases directas e indirectas:	adverbio relativo con antecedente explícito:	adverbio relativo con antecedente elíptico:
¿**Dónde** me habré dejado las gafas?	**Donde** nos bañamos hay muchas medusas.	¡**Adónde** irá tan enfadado!	El edificio **adonde** voy es de oficinas.	Vamos **a donde** tu primo nos dijo que nos harían un descuento.

Habrás observado que estas formas aparecen con verbos de movimiento que indican dirección, de aquí la presencia de la preposición **a**.

También existe la forma *adondequiera* con el significado de *a cualquier parte*. Gramaticalmente se trata de un adverbio indefinido de lugar.

Introducción

Signos de puntuación

Acentuación

Las mayúsculas

Abreviaturas

Las letras B y V

Las letras H, G y J

Las letras C, Z, K y el grupo QU

El dígrafo LL y la letra Y

Las letras M y N

La letra X

La letra R y el dígrafo RR

Las letras D, P, B y W

Casos especiales

Los números

Apéndices

Índice alfabético de materias

¿POR QUÉ HUYERON LOS ÁRBOLES?

Por qué	Porque	El porqué	Por que
preposición + interrogativo o exclamativo	conjunción causal	sustantivo	preposición + pronombre relativo o conjunción

¿**Por qué** los árboles decidieron huir de aquella ciudad?

Porque la gente había decidido ignorarlos.

El **porqué** de la permanencia de las palmeras todavía no se sabe.

Probablemente el motivo **por que** siguieron viviendo en los oasis del desierto fue **porque** los camellos se habían enamorado de ellas y cortejaban su sombra.

PALABRAS QUE SE ESCRIBEN INDISTINTAMENTE JUNTAS O SEPARADAS

aprisa	a prisa	enfrente	en frente
a rajatabla	a raja tabla	en seguida	enseguida
a toca teja	a tocateja	entretanto	entre tanto
boca abajo	bocabajo	deprisa	de prisa

La Academia aconseja como preferibles las formas de la columna de la izquierda.

ALGUNOS EJEMPLOS

¡**Aprisa /a prisa**, que si no, llegamos tarde!

Cumplió los ejercicios gimnásticos **a rajatabla/a raja tabla**.

Todos pagaron **a toca teja /a tocateja**.

Estírese boca **abajo /bocabajo**.

Correos está allí **enfrente /en frente**.

En seguida /enseguida contestaré al teléfono.

Los hombres cocinaban una suculenta cena, **entretanto/entre tanto** sus mujeres seguían el partido de fútbol.

Deprisa /de prisa, evacúen el edificio. Hay un incendio en la tercera planta.

El porqué es una forma sustantivada en singular; también se puede utilizar en plural; **los porqués***. Ejemplo:* **Los porqués** *de su renuncia nunca los explicó.*

Así mismo	Asimismo	A sí mismo
adverbio + adjetivo	adverbio	preposición + pronombre reflexivo + adjetivo

Se pueden utilizar *así mismo* y *asimismo* indistintamente cuando su significado es *también* o *además*:

El informe de la empresa decía que Víctor Heras era un candidato excelente para el cargo de director de personal; **así mismo/asimismo** *(además) dominaba varios idiomas.*

Siempre habla ensalzándose **a sí mismo** *(a él mismo).*

LA ADOPCIÓN DE VOCABLOS

El castellano en contacto con las otras lenguas del mundo, con los constantes avances de la tecnología y las costumbres cambiantes adopta vocablos de otras lenguas.
En ocasiones los coloca de ellas, pero muchas veces los adapta a la fonética y ortografía españolas.

USO DE ALGUNOS EXTRANJERISMOS

e-mail	correo electrónico	croissant	cruasán
gay	homosexual	club	club
hot dog	perrito caliente	airbag	airbag
sándwich	bocadillo	souvenir	recuerdo, souvenir
gin tonic	gin tonic	light	light
showman	presentador y actor	whisky	güisqui
fútbol	balompié	casette	casete

croissant
cruasán

hot dog
perrito caliente

LOS NÚMEROS

El modo de representar los números varía según la utilidad que les queramos dar. Gramaticalmente tienen la categoría de determinantes numerales o pronombres. Ejemplos: *He comprado **tres** libros. Me he leído **uno**.* En el primer caso es un determinante numeral; en el segundo, un pronombre.

Hemos heredado dos maneras de representar los números: la **numeración arábiga**, que es la que utilizamos normalmente, y la **numeración romana** que usamos en unos casos muy concretos (en historia, para nombrar siglos y reyes).

LOS NUMERALES

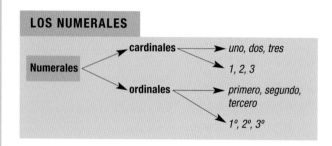

Numerales →
- cardinales → uno, dos, tres / 1, 2, 3
- ordinales → primero, segundo, tercero / 1º, 2º, 3º

numeración romana | numeración arábiga

NÚMEROS CARDINALES

uno	trece	veinticinco	cincuenta	cuatrocientos
dos	catorce	veintiséis	sesenta	quinientos
tres	quince	veintisiete	setenta	seiscientos
cuatro	dieciséis	veintiocho	ochenta	setecientos
cinco	diecisiete	veintinueve	noventa	ochocientos
seis	dieciocho	treinta	...	novecientos
siete	diecinueve	treinta y uno	cien	mil
ocho	veinte	treinta y dos	ciento uno	dos mil
nueve	veintiuno	cuarenta	ciento dos	diez mil
diez	veintidós	cuarenta y uno	...	cien mil
once	veintitrés	cuarenta y dos	doscientos	un millón
doce	veinticuatro	...	trescientos	...

Los **numerales cardinales** los utilizamos para expresar cantidades concretas.

Barato, barato, **tres** alfombras al precio de **una**. Pura seda.

CÓMO SE REPRESENTAN LOS NUMERALES CARDINALES

Los numerales cardinales se pueden representar en cifras o en letras.

- Desde el **uno** hasta el **treinta** se escriben en una sola palabra. Ejemplos:

  catorce, veintiséis.

- A partir del **treinta** hasta el **cien** se escriben separados excepto las **decenas**. Ejemplos:

  treinta y seis, sesenta y dos.

- A partir del **cien** los números continúan escribiéndose separados excepto las **centenas**. Ejemplos:

  ciento cuarenta y tres, quinientos veinticuatro.

  Pero: *doscientos, quinientos...*

→ Desde el **veinte** hasta el **veintinueve**, se escribe una *i* que luego desaparece: *cuarenta y cinco, sesenta...*

NÚMEROS ORDINALES

primero/-ra	decimosexto/-ta	trigésimo primero	centésimo segundo
segundo/-da	decimoséptimo/-ma	trigésimo segundo	...
tercero/-ra	decimoctavo/-va	...	ducentésimo/-ma
cuarto/-ta	decimonoveno/-na	cuadragésimo/-ma	tricentésimo/-ma
quinto/-ta	vigésimo/-ma	cuadragésimo primero	cuadringentésimo/-ma
sexto/-ta	vigésimo primero	cuadragésimo segundo	quingentésimo/-ma
séptimo/-ma	vigésimo segundo	...	sexcentésimo/-ma
octavo/-va	vigésimo tercero	quincuagésimo/-ma	septingentésimo/-ma
noveno/-na	vigésimo cuarto	sexagésimo/-ma	octingentésimo/-ma
décimo/-ma	vigésimo quinto	septuagésimo/-ma	noningentésimo/-ma
undécimo/-ma	vigésimo sexto	octogésimo/-ma	milésimo/-ma
duodécimo/-ma	vigésimo séptimo	nonagésimo/-ma	dosmilésimo/-ma
decimotercero/-ra	vigésimo octavo	...	diezmilésimo/-ma
decimocuarto/-ta	vigésimo noveno	centésimo/-ma	cienmilésimo/-ma
decimoquinto/-ta	trigésimo/-ma	centésimo primero	millonésimo/-ma

En general los números se leen como ordinales si son inferiores a **veintiuno**. Ejemplo: *Alfonso **X** (**décimo**).* Si son superiores se leen como si fueran cardinales. Ejemplo: *El **XXV** aniversario* (**veinticinco**).

CÓMO ESCRIBIR LOS NÚMEROS CARDINALES

• En general, aunque no hay una regla, los números pequeños suelen escribirse en letras. Ejemplos:

  dos, *cuatro*.

• Los números entre el diez y el veinte se pueden escribir de las dos maneras. Ejemplos:

  15 o *quince*, *12* o *doce*.

LAS FRACCIONES

medio/-a; mitad	veintidosavo/-va	noventavo/-va
tercio, tercera	veintitresavo/-va	...
cuarto/-ta	veinticuatroavo/-va	centésimo/-ma
quinto/-ta	veinticincoavo/-va	cientounavo/-va
sexto/-ta	veintiseisavo/-va	cientodosavo/-va
séptimo/-ta	veintisieteavo/-va	...
octavo/-va	veintiochoavo/-va	doscientosavo/-va
noveno/-na	veintinueveavo/-va	trescientosavo/-va
décimo/-ma	treintavo/-va	cuatrocientosavo/-va
onceavo/-va	treintaiunavo/-va	quinientosavo/-va
doceavo/-va	treintaidosavo/-va	seiscientosavo/-va
treceavo/-va	...	setecientosavo/-va
catorceavo/-va	cuarentavo/-va	ochocientosavo/-va
quinceavo/-va	cuarentaiunavo/-va	novecientosavo/-va
dieciseisavo/-va	cuarentaidosavo/-va	milésimo/-ma
diecisieteavo/-va	...	dosmilésimo/-ma
dieciochoavo/-va	cincuentavo/-va	diezmilésimo/-ma
diecinueveavo/-va	sesentavo/-va	cienmilésimo/-ma
veinteavo/-va	setentavo/-va	millonésimo/-ma
veintiunavo/-va	ochentavo/-va	...

CUÁNDO SE UTILIZAN LOS NÚMEROS ROMANOS

• Se emplean para numerar los **siglos**. Ejemplo:

  *No sabemos qué nos depara el siglo **XXI**.*

• El número de orden de reyes y papas. Ejemplos:

  *Alfonso **X**, Carlos **V**, Juan Pablo **II**.*

• Se utilizan también para numerar partes de una obra: capítulos, tomos, volúmenes.

NÚMEROS ROMANOS

I - 1	XI	XXI	XXXI	LXX	CD
II - 2	XII	XXII	XXXII	LXXX	D - 500
III - 3	XIII	XXIII	...	XC	DC
IV - 4	XIV	XXIV	XL	...	DCC
V - 5	XV	XXV	L	C - 100	DCCC - 800
VI - 6	XVI	XXVI	XLI	CI	CM - 900
VII - 7	XVII	XXVII	XLII	CII	M - 1000
VIII - 8	XVIII	XXVIII	...	...	MM
IX - 9	XIX	XXIX	L - 50	CC	$\overline{\text{X}}$ - 10.000
X - 10	XX	XXX	LX	CCC - 300	$\overline{\text{C}}$ - 100.000
					$\overline{\text{M}}$ - 1.000.000

Introducción

Signos de puntuación

Acentuación

Las mayúsculas

Abreviaturas

Las letras B y V

Las letras H, G y J

Las letras C, Z, K y el grupo QU

El dígrafo LL y la letra Y

Las letras M y N

La letra X

La letra R y el dígrafo RR

Las letras D, P, B y W

Casos especiales

Los números

Apéndices

Índice alfabético de materias

Ocupación soviética de Berlín durante la **Segunda** Guerra Mundial.

El ruso, como siempre, fue el número **uno**; el **segundo** y **tercer** puesto fueron para el holandés y el coreano.

Media docena de huevos será más que suficiente para preparar un estupendo pastel.

CLASIFICACIÓN GENERAL DE LOS NÚMEROS

NÚMEROS ARÁBIGOS O DECIMALES					NÚMEROS ROMANOS
	Cardinales	Ordinales	Fracciones	Múltiplos	
0	cero				
1	uno	primero			I
2	dos	segundo	mitad	doble, duplo	II
3	tres	tercero	tercio	triple/-o /-a	III
4	cuatro	cuarto	cuarto	cuádruple/-o /-a	IV
5	cinco	quinto	quinto	quíntuplo/-a	V
6	seis	sexto	sexto	séxtuplo/-o /-a	VI
7	siete	séptimo	séptimo	séptuplo/-a	VII
8	ocho	octavo	octavo	óctuple/-o	VIII
9	nueve	noveno	noveno	nónuplo/-a	IX
10	diez	décimo	décimo	décuplo/-a	X
11	once	undécimo	onceavo	undécuplo/-a	XI
12	doce	duodécimo	doceavo	duodécuplo/-a	XII
13	trece	decimotercero	treceavo	terciodécuplo/-a	XIII
14	catorce	decimocuarto	catorceavo	...	XIV
15	quince	decimoquinto	quinceavo	...	XV
16	dieciséis	decimosexto	dieciseisavo	...	XVI
17	diecisiete	decimoséptimo	diecisieteavo	...	XVII
18	dieciocho	decimoctavo	dieciochoavo	...	XVIII
19	diecinueve	decimonoveno	diecinueveavo	...	XIX
20	veinte	vigésimo	veinteavo	...	XX
21	veintiuno	vigésimo primero	veintiunavo	...	XXI
22	veintidós	vigésimo segundo	veintidosavo	...	XXII
23	veintitrés	vigésimo tercero	veintitresavo	...	XXIII
24	veinticuatro	vigésimo cuarto	veinticuatroavo	...	XXIV
25	veinticinco	vigésimo quinto	veinticincoavo	...	XXV
26	veintiséis	vigésimo sexto	veintiseisavo	...	XXVI
27	veintisiete	vigésimo séptimo	veintisieteavo	...	XXVII

A cada uno nos tocó una **catorceava** parte del "gordo" de Navidad. ¡No nos lo podíamos creer!

Carlos **I** de España y **V** de Alemania.

Consulta el volumen **VIII**, seguramente encontrarás lo que buscas.

CLASIFICACIÓN GENERAL DE LOS NÚMEROS

NÚMEROS ARÁBIGOS O DECIMALES				NÚMEROS ROMANOS
Cardinales	Ordinales	Fracciones	Múltiplos	
28 — veintiocho	vigésimo octavo	veintiochoavo	...	XXVIII
29 — veintinueve	vigésimo noveno	veintinueveavo	...	XXIX
30 — treinta	trigésimo	treintavo	...	XXX
31 — treinta y uno	trigésimo primero	trentaiunavo	...	XXXI
40 — cuarenta	cuadragésimo	cuarentavo	...	XL
50 — cincuenta	quincuagésimo	cincuentavo	...	L
60 — sesenta	sexagésimo	sesentavo	...	LX
70 — setenta	septuagésimo	setentavo	...	LXX
80 — ochenta	octogésimo	ochentavo	...	LXXX
90 — noventa	nonagésimo	noventavo	...	XC
100 — cien, ciento	centésimo	centavo	céntuplo/ -a	C
101 — ciento uno	centésimo primero	...	...	CI
120 — ciento veinte	centésimo vigésimo	cientoveinteavo	...	CXX
200 — doscientos	ducentésimo	doscientosavo	...	CC
300 — trescientos	tricentésimo	trescientosavo	...	CCC
400 — cuatrocientos	cuadringentésimo	cuatrocientosavo	...	CD
500 — quinientos	quingentésimo	quinientosavo	...	D
600 — seiscientos	sexcentésimo	...	...	DC
700 — setecientos	septingentésimo	...	...	DCC
800 — ochocientos	octingentésimo	...	...	DCCC
900 — novecientos	noningentésimo	...	...	CM
1.000 — mil	milésimo	...	...	M
2.000 — dos mil	dosmilésimo	...	...	$\overline{II}$
10.000 — diez mil	diezmilésimo	...	...	$\overline{X}$
100.000 — cien mil	cienmilésimo	...	...	$\overline{C}$
1.000.000 — un millón	millonésimo	...	...	...
10.000.000. — diez millones	diezmillonésimo	...	...	...

(Un billón consta de la unidad seguida de doce ceros; billonésimo.)

¿CÓMO SE CONSULTA UN DICCIONARIO?

Desde su origen el diccionario se ha convertido en un instrumento útil para profundizar en el conocimiento de una lengua. ¿A quién no le ha asaltado, en un momento dado, la duda sobre cómo se escribe una palabra? ¿Quién no ha querido conocer el significado o significados de un término?

Leyendo las diferentes entradas léxicas que conforman el diccionario podemos hallar cosas muy interesantes, que dicen mucho sobre nuestra cultura y nuestra forma de entender el mundo. Existen muchos tipos de diccionarios: de sinónimos y antónimos, ideológicos, históricos, etimológicos, bilingües...

SOÑAR NO CUESTA NADA

«Había una vez una mujer (un hombre) que soñaba con leerse el diccionario de cabo a rabo. Qué sueño tan tonto –decía uno. Eso es muy difícil –dijo otro. Yo prefiero los atlas porque tienen más imágenes – añadió un tercero.

Ese hombre (esa mujer) seguía soñando con leerse el diccionario al menos de pe a pa, es decir, hacia atrás, pues siempre resulta más divertido alterar el orden de la lectura.

Se pasaron la vida soñando con esa u otras empresas semejantes. Dicen los sabios que, por más que el sueño se repita, nadie logra leer el diccionario entero. En realidad, lo más terrible no es que resulte imposible leerlo, sino descubrir que, en definitiva, el diccionario nunca está completo de verdad. Siempre la gente inventa palabras nuevas en sus diálogos diarios. También las inventan los escritores en sus escritos. Y por eso el diccionario no se termina nunca, en él no llegan a entrar las palabras que hubo ni, menos aún, las que vendrán.»

El libro de los errores
Gianni Rodari

EL DICCIONARIO ES UNA HERRAMIENTA DE TRABAJO MUY ÚTIL

El diccionario debería ser nuestro compañero inseparable a la hora de escribir un texto. Gracias a él podemos acabar de entender el significado de ese término que se nos resiste.

En primer lugar, tenemos que saber que todas las palabras están ordenadas alfabéticamente. Si cogemos, por ejemplo, el *Diccionario de uso del español actual* (*CLAVE*), comprobaremos que las palabras que empiezan por *ch-* se sitúan entre las sílabas *ce-* y *ci-*. Y las que empiezan por *ll-* aparecen tras la sílaba *li-* y la sílaba *lo-*.

Más concretamente, imaginemos que tenemos que buscar el significado de "bacteria". Habrá que ir a la letra *b* y una vez allí seguiremos leyendo hasta encontrar la sílaba *bac-*. A continuación, nos piden que hagamos lo mismo con "bastón". ¿Estará antes o después de "bacteria"? Pues, después, claro está, ya que la *-s-* de *bastón* viene después de la *-c-* de *bacteria*.

El *Diccionario de la Real Academia Española* (DRAE) es el diccionario más importante. En sus sucesivas ediciones el *Diccionario* ha ido incorporando voces nuevas, procedentes, algunas de ellas, de otras lenguas. Hasta que una palabra no está admitida en el Diccionario Académico no puede decirse que es una palabra de la lengua.

El uso del diccionario es fundamental para los estudiantes.

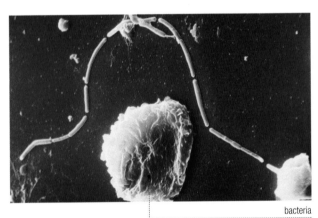

bacteria

A veces nos referimos a los diccionarios utilizando sólo las siglas:

DRAE (Diccionario de la Real Academia Española)
DUE (Diccionario de Uso del Español, "María Moliner")
DEA (Diccionario del Español Actual)
DILE (Diccionario ideológico de la lengua española, "Casares")

bastón

Introducción

Signos de
puntuación

Acentuación

Las
mayúsculas

Abreviaturas

Las letras
B y V

Las letras
H, G y J

Las letras
C, Z, K y
el grupo QU

El dígrafo LL
y la letra Y

Las letras
M y N

La letra X

La letra R y el
dígrafo RR

Las letras
D, P, B y W

Casos
especiales

Los números

Apéndices

Índice
alfabético
de materias

¿QUÉ INFORMACIÓN PODEMOS ENCONTRAR EN UNA ENTRADA LÉXICA DE UN DICCIONARIO?

...ticulación se forma aplicando o acercando el labio inferior a los bordes de los dientes incisivos superiores; p. ej., la *f*. U. t. c. s. f.

labioso, sa. adj. *C. Rica* y *Ecuad*. Que tiene labia. ‖ 2. *Ecuad*. zalamero. ‖ 3. coloq. *Hond*. adulador.

labiovelar. adj. *Fon*. Dicho de un fonema: Que se realiza combinando una articulación labial con una velar. U. t. c. s. f.

labirinto. m. desus. laberinto.

labor. (Del lat. *labor, -ōris*). f. Acción y efecto de trabajar. ‖ 2. Adorno tejido o hecho a mano, en la tela, o ejecutado de otro modo en otras cosas. U. m. en pl. ‖ 3. Obra de coser, bordar, etc. ‖ 4. Labranza, en especial la de las tierras que se siembran. Apl. a las demás operaciones agrícolas, u. m. en pl. ‖ 5. Cada una de las vueltas de arado o de las cavas que se dan a la tierra. ‖ 6. Entre los fabricantes de teja y ladrillo, cada millar de estos objetos. ‖ 7. Cada uno de los grupos de productos que se confeccionan en las fábricas de tabacos. U. m. en pl. ‖ 8. Simiente de los gusanos de seda. ‖ 9. Escuela de niñas donde aprendían a hacer **labor**. *Ir a LA labor. Sacar a la niña de LA labor*. ‖ 10. *Ingen*. excavación (‖ acción de excavar.) U. m. en pl. ‖ **~ blanca.** f. La que se hace en lienzo. ‖ **~ de chocolate.** f. **tarea de chocolate.** ‖ **~ de zapa.** f. **trabajo de zapa.** ‖ **estar por la ~.** fr. coloq. Estar dispuesto a hacer lo que se indica. U. m. con neg. ‖ **hacer ~.** fr. p. us. Dicho de una cosa: **hacer juego** (‖ convenir o corresponderse con otra). ‖ **meter en ~ la tierra.** fr. Labrarla, prepararla para la sementera. ‖ **sus ~es.** expr. U. para designar la dedicación, no remunerada, de la mujer a las tareas de su propio hogar. U. m. c. fórmula administrativa. □ V. **cabo de ~, casa de ~.**

laborable. adj. Que se puede laborar o trabajar. □ V. **día ~.**

laborador. (Del lat. *laborātor, -ōris*). m. p. us. Trabajador...

La entrada léxica es, en realidad, la palabra que queremos buscar. Pongamos, por ejemplo, que queremos saber el significado del término "labor". Vamos a la letra *L-* y una vez allí vemos la entrada léxica "labor". Ésta contiene mucha información tanto gramatical (qué clase de palabra es: nombre, adjetivo, verbo, preposición...) como semántica (significado).

arar

sembrar

entrada léxica de "labor"

recoger

Las labores del campo.

¿QUÉ OTRAS PALABRAS PODEMOS ENCONTRAR EN EL DICCIONARIO?

Aparte de las clases de palabras más importantes (nombre, adjetivo, verbo, adverbio...), en un diccionario también pueden hallarse otras como los determinantes, los pronombres y las preposiciones:

el, la art. determ. Se usa antepuesto a un nombre para indicar que el objeto al que éste se refiere es ya conocido por el hablante y por el oyente: *He traído un libro, pero no es el que me regalaste*. # ETIMOL. Del latín *ille, illa* (aquel, aquella). # ORTOGR. Dist. de *él*. # MORF. 1. El plural de *el* es *los*. 2. *El* se usa ante sustantivo femenino que empieza por *a* o *ha* tónicas acentuadas: *el águila, el hacha*.

él, ella pron. pers. s. Forma de la tercera persona del singular que corresponde a la función de sujeto, de predicado nominal o de complemento precedido de preposición: *Nada más irte tú, llegó ella.*

Es ella la que mejor lo pasa en sus fiestas. Se han portado muy bien con él. # ETIMOL. Del latín *ille* (aquel). # ORTOGR. Dist. de *el*. # MORF. El plural de *él* es *ellos*.

sin prep. **1** Indica falta o carencia: *No puedo comprarlo porque estoy sin dinero.* **2** Seguido de un infinitivo, actúa como negación: *Pasé toda la noche sin dormir.* **3** Fuera de o aparte de: *El coche nos salió por dos millones, sin el seguro.* **4 // sin embargo**; enlace gramatical coordinante con valor adversativo: *No nos conocíamos, sin embargo nos hicimos amigos enseguida.* # ETIMOL. Del latín *sine.*

Un buen diccionario tiene que acoger palabras de diversa naturaleza, como aquéllas que pertenecen a un registro coloquial:

guay - muy bueno, excelente

gayumbos - calzoncillo

mangar - robar

peliculero - que se deja llevar por la imaginación

peluco - reloj

banco   banco   banco

En el diccionario también deben quedar claros los diferentes significados que tiene una misma palabra. Así pues, en la entrada *banco* figuran numerosos significados distintos. Aparte de los que aparecen a la izquierda hay: **banco** *de órganos*, **banco de datos**, **banco de hielo**, **banco de niebla**, **banco** *de carpintero*, etc.

APÉNDICES

PREFIJOS DE ORIGEN GRIEGO

El significado de muchas palabras se hace más claro cuando sabemos qué significan los prefijos o los sufijos que las forman. Veamos algunos **prefijos** de **origen griego** y cómo se escriben:

a-, an- 'sin' (*ateo*, 'sin Dios')

anfi- 'alrededor', 'ambos' (*anfiteatro*, 'alrededor del teatro')

dia- 'a través de' (*diagnóstico*, 'determinación de una enfermedad por medio de los síntomas')

endo- 'dentro, interno' (*endocrinología*, 'ciencia que se ocupa de las glándulas internas')

epi- 'encima' (*epitafio*, 'inscripción sobre la tumba')

eu- 'bien, bueno' (*eufonía* 'sonido agradable')

exo- 'fuera' (*exótico* que proviene de 'fuera')

hemi- 'medio' (*hemisferio* 'media esfera')

hiper- 'sobre, exceso de' (*hipertensión* 'tensión arterial por encima de lo normal')

hipo- 'debajo, por debajo de' (*hipotensión* 'tensión arterial por debajo de lo normal')

poli- 'varios' (*politécnico* 'que comprende varias técnicas')

pro- 'delante' (*prólogo* 'lo que se dice antes de un discurso o tratado')

antropo- 'hombre' (*antropólogo* 'que estudia todo lo relacionado con el Hombre')

auto- '(sí) mismo' (*autobiografía*, 'biografía de sí mismo')

biblio- 'libro' (*biblioteca*, 'armario para libros')

bio- 'vida' (*biografía*, 'relato de la vida de alguien')

demo- 'pueblo' (*democracia*, 'gobierno del pueblo')

icono- 'imagen' (*iconoclasta*, 'destructor de imágenes')

geo- 'tierra' (*geografía*, 'descripción de la Tierra')

gin- 'mujer' (*ginecología*, 'estudio de las enfermedades propias de las mujeres')

hemo- 'sangre' (*hemorragia*, 'efusión de sangre')

helio- 'sol' (*heliotropo*, 'planta cuya flor gira siguiendo el curso del sol')

hetero- 'distinto' (*heterogéneo*, 'de distinta naturaleza')

homo- 'igual o parecido' (*homogéneo*, 'de la misma naturaleza')

caco- 'malo' (*cacofonía*, 'mal sonido')

dactilo- 'dedo' (*dactilar* 'perteneciente o relativo a los dedos')

deca- 'diez' (*decámetro*, 'diez metros')

dermo- dermato- 'piel' (*dermatólogo* 'especialista en enfermedades de la piel')

La acrópolis griega (Acros = alto, Polis = ciudad).

FONEMAS Y SONIDOS

Los sonidos que pueden emitir las personas con sus órganos articulatorios son variadísimos; sin embargo, cada idioma ha seleccionado sólo unos cuantos "sonidos ideales", que permiten diferenciar signos o palabras. Así, en las palabras:

roca, rota, roza, rosa, ropa, Roma, roba, roja, roña.

el cambio de un solo sonido hace que las palabras sean distintas.

También son diferentes las *s* que pronuncian los hablantes en *rosa, desde, antes,* etc.; pero todos reconocen que se trata de una *s* porque se distingue de la *c, t, z, p...* Por ello, podemos distinguir entre **sonido** y **fonema**.

roca   rosa   ropa   Roma

DEFINICIÓN DE SONIDO Y FONEMA

Fonema	El **fonema** es el "sonido ideal", que está en nuestra mente, es inmaterial y permite diferenciar palabras. El número de fonemas de una lengua es limitado y cerrado, pues los hablantes no pueden aumentarlos ni disminuirlos.
Sonido	El **sonido** es la realización del fonema en la lengua hablada. Es material, lo percibimos por el oído. En realidad, nosotros pronunciamos y percibimos sonidos, no fonemas.

Introducción

Signos de
puntuación

Acentuación

Las
mayúsculas

Abreviaturas

Las letras
B y V

Las letras
H, G y J

Las letras
C, Z, K y
el grupo QU

El dígrafo LL
y la letra Y

Las letras
M y N

La letra X

La letra R y el
dígrafo RR

Las letras
D, P, B y W

Casos
especiales

Los números

Apéndices

Índice
alfabético
de materias

LOCUCIONES Y FRASES LATINAS DE USO FRECUENTE EN CASTELLANO

Veamos a continuación un conjunto de expresiones latinas de uso común en nuestra lengua. Deberás fijarte en la ortografía de estas frases:

ad hoc: a propósito, para el caso

a posteriori: después; lo posterior

a priori: antes; de lo que procede

carpe diem: goza del presente mientras vivas

ex aequo: con igual mérito; en igualdad de condiciones

ex cathedra: con tono doctrinal

ex libris: de los libros (símbolo que se pone en los libros con el nombre o iniciales del dueño, para saber a quién pertenecen)

ex profeso: a propósito; con pleno conocimiento

gratia et amore: de balde y con gusto

grosso modo: a grandes rasgos; sin el rigor suficiente

hic et nunc: aquí y ahora

homo sapiens: el ser humano inteligente

in aeternum: para siempre

in albis: en blanco (quedarse sin entender una cosa, en blanco)

in fraganti: en flagrante delito; con las manos en la masa.

in situ: en el mismo sitio

inter nos: entre nosotros

in vitro: en tubo de ensayo

ipso facto: por el mismo hecho; en el acto

magister dixit: el maestro ha dicho

mea culpa: por mi culpa

modus vivendi: modo de vivir; arreglo, transacción entre individuos

motu proprio: por decisión personal

mutatis mutandis: cambiando lo que debe ser cambiado

peccata minuta: error, falta o vicio leve; cosas sin importancia

per capita: por persona

sancta sanctorum: el lugar más santo y retirado del templo

sic: se pone entre paréntesis, en una cita, para indicar que se transcribe literalmente algo dudoso o erróneo que en ella se advierte

sine die: sin fijar plazo ni día

sine qua non: condición indispensable para algo

statu quo: en el estado en que se hallaban las cosas antes; mantener todo tal como está

sui generis: singular, único

Un *ex libris* es un sello personal que se coloca en los libros para señalar a quién pertenecen.

EL ABECEDARIO DEL CASTELLANO

Las **letras** son signos gráficos que representan los sonidos en la escritura. A las letras que emplea una lengua, debidamente ordenada, se da el nombre de **alfabeto** o **abecedario**.

Éste es el abecedario del castellano:

A	a	Ñ	eñe
B	be	O	o
C	ce	P	pe
D	de	Q	cu
E	e	R	ere
F	efe	S	ese
G	ge	T	te
H	hache	U	u
I	i	V	uve
J	jota	W	uve doble
K	ka	X	equis
L	ele	Y	i griega o ye
M	eme	Z	zeta o zeda
N	ene		

Las letras mezcladas libremente no constituyen el abecedario, porque no están ordenadas.

APÉNDICES

EXPRESIONES DE INTERÉS ORTOGRÁFICO

A bombo y platillo: contar algo dándole publicidad.

A bocajarro: sin preparación previa.

A cambio de algo: esperar una compensación.

A campo través: atravesando.

A cántaros: llover mucho.

A contracorriente: en contra de la opinión general.

A cosa hecha: con éxito seguro.

A deshora: fuera de tiempo.

A distancia: lejos.

A hombros: encima de los hombros.

Llevaron a **hombros** a la capitana del equipo.

A horcajadas: sentarse con una pierna hacia cada lado de donde se sienta uno.

A hurtadillas: a escondidas.

A la chita callando o a la chitacallando: sin hacer ruido.

A la deriva: errante en el mar.

A la expectativa: estar esperando.

A la intemperie: estar al aire libre.

Los portales de las grandes catedrales góticas se mantienen en buen estado a pesar de permanecer **a la intemperie**.

A la inversa: al revés.

A la ligera: sin pensar en las consecuencias.

A la sombra: protegido por algo o alguien.

A la vuelta de la esquina: cerca.

A las primeras de cambio: enseguida.

A los cuatro vientos: a todo el mundo.

A más y mejor: en cantidad.

A ojo de buen cubero: bien calculado sin apoyo científico.

A pecho descubierto: valientemente.

A pies juntillas: creerlo fielmente.

A prueba de algo: seguro.

A regañadientes: con desgana.

A trompicones: poco a poco.

Aburrirse como una ostra: aburrirse mucho.

En cuanto se quedaba solo, no tenía recursos y se **aburría como una ostra**.

Acto seguido: después.

Aflojar el bolsillo: pagar.

Agarrarse de un clavo ardiendo: asirse donde uno puede. Apoyarse en una última esperanza.

Agua nieve: gotas de agua helada.

Agua oxigenada: agua desinfectante.

Ahuecar el ala: irse, largarse, desentenderse.

Al borde del abismo: sentirse muy mal.

Al tuntún: de cualquier manera.

Andar a la greña: buscar motivo de pelea constante.

Andar sobre aviso: estar prevenido.

Añadir leña al fuego: poner las cosas más difíciles de lo que pueden estar.

Arco de triunfo: arco que conmemora un hecho importante.

Arenas movedizas: arenas en las que te hundes.

Arriar la bandera: bajar la bandera.

Atar cabos: relacionar sucesos.

Avivar el fuego: hacer que el fuego prenda más. Insistir en una situación extrema.

Bajar los humos a alguien: hacer que alguien no se crea superior.

Introducción

Signos de puntuación

Acentuación

Las mayúsculas

Abreviaturas

Las letras B y V

Las letras H, G y J

Las letras C, Z, K y el grupo QU

El dígrafo LL y la letra Y

Las letras M y N

La letra X

La letra R y el dígrafo RR

Las letras D, P, B y W

Casos especiales

Los números

Apéndices

Índice alfabético de materias

EXPRESIONES DE INTERÉS ORTOGRÁFICO

Bote sal**v**a**v**idas: bote acondicionado para abandonar el barco en caso de necesidad.

Buque de ca**b**otaje: barco que navega entre puertos cerca de la costa.

Caer chu**z**os de punta: llover torrencialmente.

Cara de circun**s**tancias: poner la cara adecuada a las situación en que uno se encuentra.

Co**j**ear del mismo pie: fallar en lo mismo.

Comer a dos ca**rr**illos: con la boca muy llena.

Correr la **v**oz: hacer que una noticia se propague.

Cruzar el **ch**arco: volar a América.

Dar **b**om**b**o: dar propaganda.

Dar carpe**t**a**zo**: archivar un caso, un asunto.

Dar la ta**ll**a: cumplir las expectativas.

Dar la **v**ara: dar la lata, insistir hasta llegar a ser pesado.

Darse de **bruc**es con algo: darse cuenta de golpe de una situación inesperada.

Des**h**acerse en algo: esmerarse en algo.

De**v**anarse los sesos: pensar mucho en algo.

En **v**olandas: mostrar abiertamente una deferencia por alguien.

Enco**g**erse los **h**om**b**ros: querer eludir una situación.

E**rr**e que e**rr**e: mantener una postura con constancia.

Estar al ca**b**o de la ca**ll**e: saber perfectamente de qué va un asunto.

Estar en la **h**i**gue**ra: no enterarse de nada.

Estar **h**ec**h**o un **b**asilisco: estar muy enfadado.

Estar **h**ec**h**o un manojo de nervios: estar muy nervioso.

Llover so**br**e mojado: complicar la situación ya difícil de por sí.

Mandar a freír esp**árr**agos: no querer saber más de algo o alguien.

Mirar por en**c**ima del **h**om**br**o: sentirse superior.

No dar alguien su **br**a**z**o a tor**c**er: no cambiar de opinión.

No perder co**mb**a: no perder oportunidad.

No sa**b**er de la misa la mitad: no estar enterado de la verdad.

No tener sangre en las **v**enas: ser despiadado.

Oler un asunto a **ch**amus**qui**na: un asunto poco limpio.

Pasar de casta**ñ**o oscuro algo: no se puede admitir.

Pelar la pa**v**a: tontear, flirtear.

Poner a alguien como **h**o**j**a de pere**j**il: hablar mal de alguien.

Poner a alguien por las nu**b**es: hablar muy bien de alguien.

Poner el dedo en la **ll**aga: tocar el punto débil o el punto esencial de algo o alguien.

Poner pies en pol**v**orosa: escaparse.

Saber de qué pie co**j**ea alguien: saber el punto débil de alguien.

Sacar de **qui**cio a alguien: irritar a alguien.

Sacarle las casta**ñ**as del fuego a alguien: solucionar los problemas a alguien.

Ser alguien una tu**mb**a: ser muy callado.

*Hasta que no recibió el resultado, estuvo **hecha un manojo de nervios**.*

*No te preocupes, **seré una tumba**; nadie conocerá este secreto.*

*Mar **es un auténtico cascabel**, siempre está moviéndose y de buen humor.*

Hacer **h**incapié en algo: recalcar algo.

Hacerse el lon**gui**(s): hacerse el despistado.

Irse por los ce**rr**os de **Ú**beda: alejarse del tema del que se habla.

Llevar a ca**b**o algo: hacer algo.

Llevar la **b**atuta: mandar.

Ser un casca**b**el: ser muy alegre, risueño.

Tener entre **c**e**j**a y **c**e**j**a: tener una idea fija.

Tirar la casa por la **v**entana: gastar mucho, despilfarrar.

Tra**b**arse la lengua: no salirle a uno las palabras.

Vol**v**er a las andadas: insistir en una situación que se creía solucionada.

APÉNDICES

PALABRAS QUE PROCEDEN DEL FRANCÉS

EL POTAJE CASERO

El **maitre** les leyó el menú y les aconsejó un **entrecot** con **paté** y salsa de **champiñones**, pero finalmente eligieron unas verduras **braseadas** y un **ragú** de ternera. Mientras esperaban a que les trajeran la comida, comentaron lo exquisito que era el **potaje** con **jamón** que hacía la abuela.

UNA LLAMADA ENIGMÁTICA

Eligió el **anorak beige** forrado de **boatiné** y se dirigió con las manos en los bolsillos hacia el **bulevar** en el que se habían citado. En casa nadie le había visto salir, excepto el **conserje**, al que saludó con una sonrisa de complicidad.

Al llegar al tercer **chaflán**, contempló el **garaje** donde se encontraron por primera vez, entró en la **cabina** telefónica y esperó su llamada.

Durante un tiempo estuvo de moda dejarse **tupé**.

Los turistas suelen comprar **souvenirs** *como recuerdo típico del lugar que visitan.*

El papel de **celofán** *se utiliza para envolver regalos.*

	bocoy	consola	masaje
	bombón	consomé	mayonesa
	boutique	convoy	menú
	brasear	corsé	minué
	bricolaje	cotillón	moaré
	brigadier	crepe	muselina
	broche	crocante	palmarés
	bufé	croché	papillote
	bufete	croqueta	parisién
	bulevar	croquis	parqué o parket
álbum	bullabesa	cruasán	paté
alevín	buró	crupier	perlé
amateur	cabaré	cupé	piqué
au pair	cabina	cuplé	pívot
anisete	cabriolé	debut	plafón
anorak	cadete	dominó	plató
argot	camuflaje	dossier	plumier
arribista	canapé	echarpe	pompón
bacará	cancán	elite	popurrí
bachiller	canguro	entrecot	potaje
bagaje	capó	entremés	praliné
ballet	carné	escalope	puré
banquete	carrusel	etiqueta	ragú
barricada	cartoné	falsete	ralentí
batimán	casete	ficha	relé
baúl	celofán	filete	resorte
beige	chaflán	finanza	satén
bermellón	champiñón	flan	secreter
besamel	chándal	folía	sofá
bidé	chasis	frac	somier
bidón	chic	franela	souvenir
bies	chófer o chofer	fular	tisú
bimar	clac	furrier	tupé
billete	claque	garaje	tutú
biscote	claqué	gigoló	vianda
bisoñé	cliché	glasé	
bisturí	cofre	gres	
bisutería	colage	jamón	
blonda	complot	jote	
blusa	confitura	macramé	
boatiné	conserje	magacín	

PALABRAS QUE PROCEDEN DEL INGLÉS

*Todas las chicas del grupo se apuntaron juntas a clases de **aerobic**.*

Signos de
puntuación

Acentuación

Las
mayúsculas

Abreviaturas

Las letras
B y V

Las letras
H, G y J

Las letras
C, Z, K y
el grupo QU

El dígrafo LL
y la letra Y

Las letras
M y N

La letra X

La letra R y el
dígrafo RR

Las letras
D, P, B y W

Casos
especiales

Los números

Apéndices

Índice
alfabético
de materias

EL GRAN SECRETO

Los **flashes** y los **cláxones** no cesaban, los periodistas asediaban con sus preguntas al **líder** del partido más votado, que saludaba sonriendo a la multitud. Los vítores y aplausos siguieron unos metros a la comitiva, que se dirigía hacia el hotel donde el **comité** los esperaba para un **cóctel** de bienvenida. Al día siguiente se celebraría un **mitin** en el **Club** Náutico....

Nuestro **líder** era incombustible, siempre vital y animoso, pero nadie sabía su secreto, una fórmula mágica contra el **estrés** que no conocían más que sus íntimos: por la noche tejía largas bufandas de suaves colores.

*El **tenis** es un deporte muy completo.*

*Es muy peligroso dejar un **cutter** a un niño.*

	clon	open
	clown	panel
	club	panfleto
	cóctel o coctel	penalti
	cómic	pijama
	comité	piolet
	conferencia	poliéster
	córner	póney
	crol	pop
	cross	póquer
	cutter	póster
	dandi	pudín
aeróbic o aerobic	derbi	puzzle
airbag	dial	quark
autostop	discman	radar
bádminton o badminton	escáner	raíl o rail
bafle	esmoquin	rayón
basquetbol	esnob	récord
bate	estándar	relax
bazuca	estrés	robot
beicon	estival	ron
best-séller	filme	rosbif
bingo	flash	sándwich
bistec o bisté	flirtear	show
bit	footing	single
bitter	fuel	snack
blues	fútbol o futbol	teletexto
bóxer	gol	ténder
brandy	golf	tenis
budín	güisqui o whisky	test
bumerán	hácker	tique
bungaló o bungalow	iceberg	top
búnker	interviú	tráiler
campus	jersey	trial
champú	hayak	túnel
chárter	hit	váter
chat	láser	vial
cheque	líder	voleibol
chip	mitin	yanqui
claxon	módem	yarda
clip	nailon	yóquei o yoqui

APÉNDICES

DISTINCIÓN ENTRE SÍMBOLOS Y ABREVIATURAS

Un símbolo es la representación, con una o varias letras, de una palabra científica o técnica.

¡Atención! Los símbolos nunca se escriben con punto final.

LOS PUNTOS CARDINALES

Símbolo	Nombre
N	norte
S	sur
E	este
O	oeste
NE	noreste
SE	sudeste
NO	noroeste
SO	sudoeste

La brújula es un instrumento fundamental en las carreras de orientación. Durante toda la competición nos guió hacia el **NE**, donde estaba la meta.

La cinta métrica se conoce también con el nombre de **metro**.

UNIDADES DE MEDIDA

Múltiplos y submúltiplos

Símbolo	Nombre
G	giga-
M	mega-
k	kilo-
h	hecto-
da	deca-
d	deci-
c	centi-
m	mili-
μ	micro-
n	nano-

UNIDADES DE MEDIDA

Unidades de uso general incluidas en el Sistema Internacional

Símbolo	Nombre
min	minuto
h	hora
d	día
l	litro
t	tonelada
a	área
ha	hectárea
bar	bar
rpm	revoluciones por minuto

UNIDADES DE MEDIDA

Unidades del Sistema Internacional

Símbolo	Nombre
m	metro
kg	kilogramo
s	segundo
A	amperio
K	kelvin
mol	mol
rad	radian
Hz	hercio
N	newton
Pa	pascal
J	julio
W	watio
C	culombio
V	voltio
F	faradio
Ω	ohmio
u	unidad de masa atómica

Todos los biberones están graduados en mililitros (**ml**) para poder calcular la cantidad de líquido que toma el bebé.

Debemos beber por lo menos 2 l de agua al día para mantener nuestro cuerpo en óptimas condiciones.

ALGUNOS EJEMPLOS DE USO

cm	centímetro
m/s	metros por segundo
dm	decímetro
kJ	kilojulio
μs	microsegundo
MW	megavatio

Los aviones supersónicos vuelan tan rápido que son capaces de superar la velocidad del sonido, es decir, vuelan a más de 300 **m/s**.

Introducción

Signos de
puntuación

Acentuación

Las
mayúsculas

Abreviaturas

Las letras
B y V

Las letras
H, G y J

Las letras
C, Z, K y
el grupo QU

El dígrafo LL
y la letra Y

Las letras
M y N

La letra X

La letra R y el
dígrafo RR

Las letras
D, P, B y W

Casos
especiales

Los números

Apéndices

Índice
alfabético
de materias

LA ESCRITURA DE LUGARES GEOGRÁFICOS

ALGUNOS ERRORES FRECUENTES

La elección correcta de la grafía de los lugares geográficos es una de las mayores dificultades de la escritura. A menudo se cometen algunos errores y por eso a continuación se detallan estas sencillas reglas:

• No debe usarse el artículo antes del nombre propio de una nación, excepto en los siguientes casos:

el *Reino Unido*

la *India*

los *Países Bajos*

(Incorr. *los Estados Unidos, *el Perú)

• Debe usarse siempre el artículo cuando forma parte del nombre propio. En esos casos, el artículo se escribe también con mayúscula inicial:

*Vivo en **El Salvador***

*Nací en **La Coruña***

*Viajaré a **La Haya***

• Cuando el nombre del lugar es un nombre en plural, concuerda siempre en singular, con excepción de los Países Bajos:

Estados Unidos votó a favor
(Incorr. *Estados Unidos votaron a favor)

Los Países Bajos se opusieron al acuerdo
(Incorr. *Los Países Bajos se opuso al acuerdo)

La India es un país lleno de espiritualidad.

Las características galerías de la plaza María Pita, en La Coruña (España).

Estados Unidos es un país muy vasto y lleno de contrastes.

*Guardia real en el castillo de Edimburgo, en el **Reino Unido**.*

APÉNDICES

TOPÓNIMOS EXTRANJEROS

Topónimo es el nombre propio de lugar. Puede corresponder a una ciudad, a un pueblo, a un río, a una montaña, etc.

• Topónimos extranjeros con un equivalente gráfico en español:

Deben usarse siempre en la forma española:

Aviñón (y no *Avignon)

Nueva York (y no *New York)

Edimburgo (y no *Edinburgh)

Munich (y no *München)

Florencia (y no *Firenze)

Pekín (y no *Beijing)

• Cuando la forma de escribir un nombre geográfico coincide en español y en la lengua original, debe pronunciarse según las normas del español y no con la pronunciación de la lengua del país correspondiente:

Miami [Miámi] (y no *[maiami])

Georgia [Geórgia] (y no *[yorya])

• Topónimos que originalmente no están escritos en caracteres latinos:

Deben transcribirse desde sus alfabetos originales al alfabeto latino. Es el caso, entre otros, de los nombres rusos, griegos, árabes, japoneses, chinos o búlgaros:

Atenas

La Meca

Sofía

Japón

etc.

En las calles de **Nueva York** el tráfico es muy denso.

Las cariátides del Erecteion, en la Acrópolis de **Atenas** (Grecia).

Florencia es una ciudad llena de bellos monumentos renacentistas.

El Palacio de los Papas, en la ciudad francesa de **Aviñón**.

ÍNDICE ALFABÉTICO DE MATERIAS

Introducción

Signos de
puntuación

Acentuación

Las
mayúsculas

Abreviaturas

Las letras
B y V

Las letras
H, G y J

Las letras
C, Z, K y
el grupo QU

El dígrafo LL
y la letra Y

Las letras
M y N

La letra X

La letra R y el
dígrafo RR

Las letras
D, P, B y W

Casos
especiales

Los números

Apéndices

Índice
alfabético
de materias